캔바, 구글 앱스크립트, 파이어베이스, 러버블까지!
웹 앱 개발 도구를 활용한 AI 융합 교육 가이드

바로 배워서 바로 써먹는 바이브 코딩

- 코딩을 몰라도 생성형 AI로 웹 앱 즉시 완성
- 교과 수업과 행정 업무의 효율성 극대화 앱
- AI융합교육을 실천하는 20개의 웹 앱 예시

다빈치 books

바로 배워서 바로 써먹는 바이브 코딩

1판 1쇄 인쇄   2025년 9월 3일
1판 4쇄 발행   2025년 12월 6일

저 자	박찬, 김병석, 전수연, 구현희, 김지용, 전채원, 홍찬우, 이상선
기 획 총 괄	변문경
디 자 인	오지윤, 이시은
인 쇄	영신사
종 이	세종페이퍼
제 작	박종훈
제작/IP 투자	㈜메타유니버스 www.metauniverse.net
펴 낸 곳	다빈치books
출판등록일	2011년 10월 6일
주 소	서울특별시마포구월드컵북로 375
팩 스	0504-393-5042
출판 콘텐츠 및 저자 강연 관련 문의	p2chan1003@naver.com

ⓒ다빈치books, 2025
ISBN 979-11-92775-79-1

* 파본은 구입처에서 교환해 드립니다.
* 저자의 강연 요청은 앞표지에 표기된 저자의 이메일을 통해서 가능합니다.
* 본 책의 본문 일부를 인용하는 경우 반드시 참고도서로 본 책의 제목과 출판사를 기재해 주시기를 바랍니다. 본 출판물을 무단으로 도용하는 행위는 저작권법 위반으로, 법적 책임을 질 수 있습니다.
* 본 책에는 교실 수업과 업무에 도움이 될 수 있는 생성형 AI와 API 활용 방법이 소개되어 있습니다. 수업에서 사용하는 경우 서비스별 약관과 정책을 확인하고 준수하여 사용하시기를 바라며, 학생들이 앱을 안전하게 활용할 수 있도록 인공지능 윤리교육을 반드시 병행해 주시기를 부탁드립니다.
* 아울러 본 도서의 예시와 안내는 어디까지나 참고 자료이며, 실제 활용 여부의 선택과 사용 결과에 대한 책임은 독자 여러분께 있습니다. 저자와 출판사는 서비스 약관 위반이나 교육 현장에서 활용 결과에 대한 법적·행정적 책임을 지지 않습니다. 독자 여러분께서는 학생의 상황과 수업 맥락을 충분히 고려하시어 신중하게 활용해 주시기를 부탁드립니다.

캔바, 구글 앱스크립트, 파이어베이스, 러버블까지!
웹 앱 개발 도구를 활용한 AI 융합 교육 가이드

바로 배워서 바로 써먹는 바이브 코딩

목차

이 책의 활용법
1. 바이브 코딩으로 누구나 웹 앱을 만드는 시대 7
2. 바이브 코딩 도구 소개 11
3. 이 책의 구성 13
4. 앱 제작 실습 전 준비 사항 14

Canva AI
일정 관리 앱 + Canva AI 활용 앱 제작 방법 16
학급 운영 앱 자리 배치 앱, MBTI 검사 앱, 기억력 매칭 게임 앱, 감사 일기장 앱 29

Apps Script
마음 일기 + Apps Script 활용 앱 제작 방법 43
토론 수업 도우미 68
고민 상담소 77
구구단 앱 86
달려라 연산왕 앱 95
타자 천자문 105
질문이 있는 교실 113

Firebase

나의 생물 관찰 일지 + Firebase 활용 앱 제작 방법	123
우리 반 AI 받아쓰기	149
WordClass(워드클래스)	162
미술 감상 게임 ACE CANVAS	177
타임튜터 앱	188
수업 길잡이 주제 탐험가 앱	195

Lovable

즐거운 빙고 놀이터 + Lovable 활용 앱 제작 방법	209
우리 반 칭찬 포인트 보드	224

이 책의 활용법

1. 바이브 코딩으로 누구나 웹 앱을 만드는 시대

앱 개발은 그동안 전문 개발자들만의 전유물이었습니다. 일반인이 파이썬을 배운다고 해도 초급 개발자 수준에서 간단한 서비스 하나를 만들기까지 수개월이 걸렸습니다. 그런데 이제 앱 개발 상황이 완전히 달라졌습니다. 생성형 AI에 명령어 한 줄만 입력해도 완벽하게 동작하는 코드가 생성됩니다. 이렇게 AI 기반 도구들이 빠르게 보급되면서 숙련된 전문 개발자들조차 '바이브 코딩Vibe Coding'을 일상적으로 사용하고 있습니다. '바이브 코딩'이란 코딩을 전혀 모르는 사람도 생성형 AI에 자연어 프롬프트를 입력하여 원하는 코드를 생성하고, 실제 서비스를 개발할 수 있게 도와주는 혁신적인 개발 방식입니다. 2025년 2월에 오픈AI의 공동창업자 안드레이 카파시Andrej Karpathy가 처음 소개한 이후 바이브 코딩은 독립된 AI 도구를 넘어, 기존 서비스에 통합되어 제공되고 있습니다.

본 책에서 소개하는 바이브 코딩 서비스 캔바Canva, 구글 앱 스크립트Google Apps Script, 파이어베이스Firebase, 러버블Lovable은 그동안 전문가들만이 넘을 수 있었던 프로그래밍의 높은 벽을 완전히 무너뜨렸습니다.

이제 단순한 아이디어 하나만 있으면 누구나 전문가 수준의 세련된 앱과 웹서비스를 몇 분 만에 완성할 수 있게 되었습니다.

바이브 코딩 툴은 더 이상 소수 전문가만 사용하는 특별한 도구가 아닙니다. 이제 모든 사람이 일상적으로 사용할 수 있는 웹 앱 창작 도구가 되었습니다. 특히 교육 현장에서 이러한 변화는 더욱 의미가 큽니다. 본 책에서는 바이브 코딩을 활용해 교실 수업을 혁신하고 교사 업무를 획기적으로 효율화할 수 있는 실전 웹 앱 개발 사례들을 단계별로 소개합니다. 이 책에 담긴 바이브 코딩 개발 사례들을 따라하며 여러분만의 수업 및 학급 경영 앱을 직접 제작해 보세요. 코딩을 몰라도 괜찮습니다. 아이디어만 있으면 충분합니다.

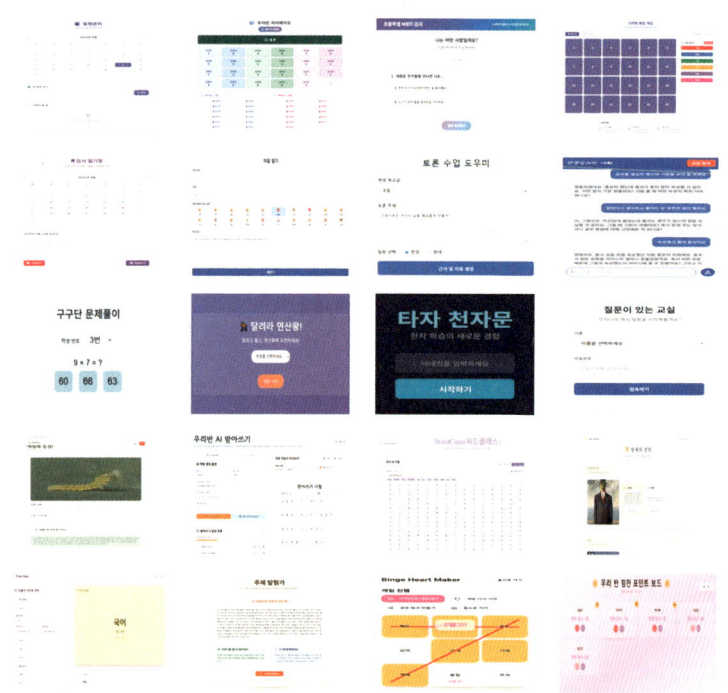

바이브 코딩으로 개발한 20개의 웹 앱을 실제 교육 현장에서 사용하면 좋겠다는 생각에 앱의 제작 과정과 활용 방법을 엮어 본 책을 만들었습니다. 저희가 만든 모든 앱을 직접 체험할 수 있는 웹사이트도 공개합니다.

[그림 1] 20개의 웹 앱 체험 웹사이트

이 모든 앱은 완성된 형태로 제공되므로, 바이브 코딩이 처음인 분들도 부담 없이 사용하실 수 있습니다. 국내외에서 개발된 훌륭한 AI 코스웨어나 에듀테크 플랫폼도 있습니다. 하지만 서비스 비용 결제의 부담이 크고 원하는 기능이 없는 경우도 많습니다. 바이브 코딩으로 이러한 한계점을 극복하고, 샘솟는 아이디어를 모아 20가지의 교육용 웹 앱을 개발하였습니다. 이제 바이브 코딩을 통해 우리는 더 이상 앱을 소비하는 사람이 아니라, 앱 창작자가 될 수 있습니다. 모두에게 익숙한 Canva로 만든 예제 웹 앱은 위 웹사이트의 공유 URL만으로도 수업에서 바로 활용할 수 있습니다.

Apps Script로 만든 예제 앱을 우리 반에서 사용하려면, 본인 계정의 구글 드라이브로 예제 앱을 복사하고 본인 계정으로 앱을 배포해야 합니다. AI 기능이 들어간 예제 앱은 본인의 Gemini API 키를 발급받아 수정해야 정상적으로 작동합니다. Apps Script 파트의 "마음 일기" 장에서 앱을 복사하고 배포하는 방법이 자세히 설명되어 있습니다.

[그림 2] 예제 앱 링크 바로 가기

　Firebase와 Lovable 파트는 완성 예제만 활용해도 교육 현장에서 유용하게 쓸 수 있는 완성도 높은 앱들입니다. 다른 도구에 비해 조금 어렵지만 이 책의 앱 제작 과정을 따라 하다 보면, 어느새 코딩의 장벽을 넘어서서 바이브 코딩 전문가이자 플랫폼 기획자가 되어 있을 것입니다. 이제 바이브 코딩을 통해 여러분의 아이디어를 실제로 구현하고 활용하는 방법을 소개해 드리겠습니다. 바이브 코딩을 하다 보면 과거 새로운 서비스를 기획해서 샘플로 만드는 데 들었던 비용과 시간이 어떻게 혁신적으로 줄어들었는지 바로 느끼실 수 있을 것입니다.

　현재 시점에서, 바이브 코딩으로 제작한 웹 앱이 간단한 기능 구현에 최적화되어 있습니다. 여전히 복잡한 서비스 개발은 전문 개발자의 영역입니다. 하지만 바이브 코딩을 사용해 웹 앱을 만들어 사용하다 보면, 그 사이 복잡한 기능 구현도 가능해 지리라 확신합니다.

2. 바이브 코딩 도구 소개

1) AI 에이전트(ChatGPT, Claude, Gemini): 바이브 코딩의 브레인

바이브 코딩의 핵심은 AI에게 코딩 과정을 통째로 맡기는 것입니다. 예를 들어 ChatGPT에게 "일정 관리 앱을 만들어 줘"라고 요청하면, 단 몇 초 만에 수백 줄이 넘는 코드를 뚝딱 만들어 줍니다. 며칠, 몇 주가 걸렸을 작업이 단 한 문장으로 끝나는 놀라운 세상이 온 것입니다.

이 책에서는 먼저 우리에게 익숙한 ChatGPT, Claude, Gemini 같은 AI 도구 중에서 한 가지를 이용하여 코딩합니다. 이들 AI는 우리가 원하는 프로그램 코드를 만드는 데 탁월한 능력을 발휘합니다. 컴퓨터는 원래 자연어보다 코드를 더 잘 이해하고 생성합니다. 바이브 코딩은 바로 이 점을 활용해 AI가 나 대신 코드를 만들게 하고, 우리는 그 결과를 실행하고 수정하며 나만의 앱을 완성하는 방식입니다.

2) Google Apps Script: 앱을 간단하게 만들고 데이터를 관리하는 도구

앱을 만들기 위해서 AI(ChatGPT, Claude, Gemini)가 만든 코드를 어디에서 실행하면 좋을까요? Google Apps Script는 AI가 만든 코드를 가장 쉽게 구현할 수 있는 도구입니다. Apps Script는 우리가 매일 쓰는 구글 시트에 들어있습니다. 게다가 학생들이 앱에 입력한 데이터도 구글 시트에 자동으로 저장되므로, 프로그래밍의 가장 큰 난제였던 데이터베이스 구축과 관리도 간편하게 해결할 수 있습니다. 즉 데이터 관리를 해야 하는 웹 앱이라면 Apps Script로 개발하기를 추천합니다.

Apps Script를 사용한 바이브 코딩 과정

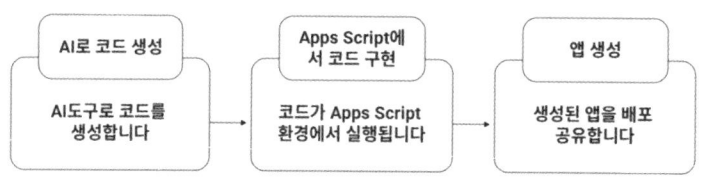

[그림 3] Apps Script로 앱 만드는 과정

3) Canva AI, Firebase, Lovable: 코드 생성부터 앱 제작까지 한 번에

AI(ChatGPT, Claude, Gemini)로 코딩해서 Apps Script에서 저장하고 실행하는 과정조차 번거롭게 느껴진다면, 코드 작성부터 앱 제작과 배포까지 한 번에 처리하는 바이브 코딩 도구를 사용하면 됩니다. 이 책에서는 이러한 바이브 코딩 도구로 Canva AI, Firebase, Lovable을 소개합니다.

Canva AI는 누구나 쉽게 직관적으로 사용할 수 있어 바이브 코딩 초심자가 간단한 앱을 제작하기에 적합한 도구입니다. Firebase는 사용자 인증, 데이터베이스 및 스토리지 관리 등 꼭 필요하지만 다소 복잡한 백엔드 작업을 손쉽게 처리할 수 있어 훨씬 수준 높은 앱 제작이 가능합니다. Lovable도 데이터베이스를 쉽게 연결하고 AI를 활용해 웹 앱의 화면과 기능을 빠르게 설계하고 배포할 수 있는 도구입니다. Firebase, Lovable과 같은 도구를 활용하면 완성도 높은 앱을 빠르게 만들 수 있습니다.

3. 이 책의 구성

이 책은 Canva AI, Apps Script, Firebase, Lovable 네 가지 도구를 사용하여 교실 수업과 교사 업무에 필요한 앱을 만듭니다. 각 도구는 고유한 특성과 강점을 가지고 있어서 앱을 만드는 과정도 조금씩 다릅니다.

따라서 각 도구(Canva AI, Apps Script, Firebase, Lovable)의 첫 번째 실습 주제에서는 코드 생성부터 앱 제작, 공유와 배포까지 전체 과정을 상세히 설명합니다. 설명대로 따라 하면 해당 도구를 처음 접하는 독자도 앱 제작 전체 과정을 쉽게 이해하고 바로 앱 제작을 할 수 있도록 했습니다.

<표 1> 각 도구별 앱 개발 모든 과정이 설명된 주제

코딩 도구	전체 과정 실습 주제	페이지
Canva AI	일정 관리 앱	16p
Apps Script	마음 일기 앱	43p
Firebase	나의 생물 관찰 일지 앱	123p
Lovable	즐거운 빙고 놀이터 앱	208p

이후 이어지는 주제 실습에서는 이미 다룬 전체 과정에서 중복되는 설명은 생략하고, 각 앱을 제작하는 프롬프트와 앱 활용 방법을 중심으로 안내합니다. 덕분에 불필요한 반복 없이 각 주제 앱의 자연어 프롬프트에 집중하여 실습할 수 있습니다.

4. 앱 제작 실습 전 준비 사항

이 책의 실습을 시작하기 전에 몇 가지 준비가 필요합니다.

1) 계정 준비하기

① 구글 계정: 실습의 필수 준비물입니다.
② 최신 웹 브라우저: 원활한 실행을 위해 크롬(Chrome)을 사용하는 것을 권장합니다.
③ 서비스 계정: 본인이 사용할 AI도구(ChatGPT, Claude, Gemini)와 바이브 코딩 도구(Canva, Firebase, Lovable 등)의 서비스 계정을 미리 만들어 두면 학습 속도가 훨씬 빨라집니다.

2) 앱의 심장, Gemini AI API key 발급하기

인공지능이 들어간 앱을 만들기 위해서는 앱과 AI를 연결하는 통로인 API Application Programming Interface가 필요합니다. API는 프로그램 간에 서로 대화할 수 있게 해주는 '통역사'와 같은 역할을 합니다. 쉽게 말해, "내 앱이 AI에게 질문을 보내고, AI가 답을 가져오는 통로"라고 생각하면 됩니다. ChatGPT API는 유료 서비스이므로, 무료로 활용 가능한 Google Gemini API를 사용합니다. Google AI Studio에 가입하면 무료 크레딧을 받아 내 웹 앱 내에서 Gemini AI 기능을 연동해 볼 수 있습니다.

Canva AI

Canva AI의 코드 생성 기능은 원하는 UI/UX 화면 구조나 버튼, 웹사이트 등 다양한 앱 컴포넌트를 자연어로 입력하면 자동으로 코드와 디자인을 함께 만들어 줍니다. 코딩 초보도 손쉽게 앱 화면 코드를 얻을 수 있어, 비주얼 디자인과 프로그래밍을 동시에 경험할 수 있습니다.

`Canva AI`

일정 관리 앱

　중요한 약속을 깜빡하거나 업무 마감 시간을 놓쳐 당황했던 경험이 누구에게나 있을 것입니다. 디지털 시대인 지금도 일정 관리는 여전히 많은 사람들의 고민거리입니다. 스마트폰에 설정해 둔 알람에 의존하는 사람도 있고, 손으로 직접 쓰는 종이 다이어리의 감성을 포기하지 못하는 사람도 있습니다.

　하지만 자신에게 딱 맞는 일정 관리 도구를 찾기는 쉽지 않습니다. 시중의 앱들은 너무 복잡하거나 기능이 부족하거나, 원하는 방식과는 다르게 작동하곤 합니다. 그렇다면 원하는 기능을 넣어 직접 만들어 보면 어떨까요?

　복잡한 프로그래밍 지식이 없어도 괜찮습니다. 어떤 화면 구성이 직관적일지, 어떤 기능들이 정말 필요할지 여러분만의 아이디어를 구상해 보세요. 그리고 Canva AI의 '코드 생성' 기능을 활용하여 여러분의 아이디어를 실제 동작하는 웹 앱으로 만들어 보겠습니다. 이번 장을 통해 여러분은 나만의 일정 관리 앱을 만들고, 바이브 코딩의 새로운 가능성을 발견하게 될 것입니다.

1. 일정 관리 앱 특징

컴퓨터 바탕화면에 일정 관리 앱 바로 가기 아이콘을 만들어 두면 언제든 일정을 확인할 수 있고, 컴퓨터를 켤 때 앱이 자동으로 실행되도록 설정하면 보기에 편리할 것입니다. 이제 제작 단계를 설명해 드리겠습니다.

[그림 1] 일정 관리 앱 실행 화면

2. 일정 관리 앱 제작하기

1) Canva AI '</>코드 생성' 기능 활용하기

우리가 흔히 쓰는 Canva에서 바이브 코딩(Vibe Coding)을 쉽게 활용할 수 있습니다. Canva는 본래 다양한 템플릿을 활용해 파워포인트나 이미지 자료를 쉽게 제작할 수 있는 앱으로 많은 분들이 사용하고 있습니다. 그런데 최근 2025년 업데이트 된 Canva AI에 "</>코드 생성" 기능이 추가되면서, 디자인 전문 앱으로만 알고 있던 Canva도 바이브 코딩을 지원하기 시작했습니다. 캔바에 익숙한 분들은 Canva AI에 간단한 프롬프트를 입력하는 것만으로 앱을 만들고 배포할 수 있습니다.

Canva AI를 지정한 상태에서 자연어로 웹 앱 아이디어를 설명하면 AI가 HTML, CSS, JavaScript 코드를 자동으로 생성해서 실제 동작하는 웹 앱을 만들어 줍니다. 복잡한 프로그래밍 과정을 거치지 않아도 됩니다.

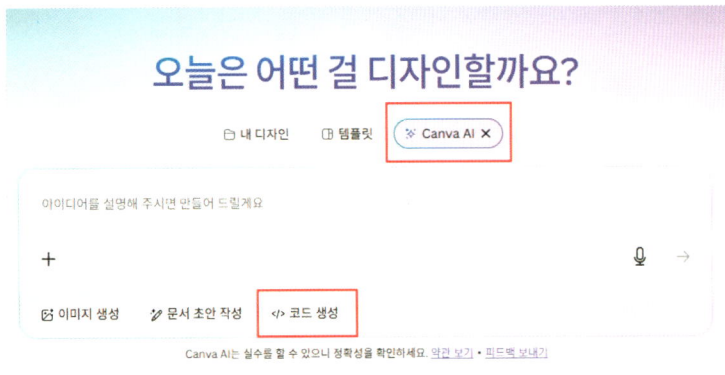

[그림 2] Canva AI </>코드 생성 기능

2) 프롬프트 만들기

소프트웨어 개발이 프로그래밍 언어로 이루어지듯, AI 기반 서비스 개발은 프롬프트를 통해 이루어집니다. AI에게 전달하는 지시가 명확하고 구체적일수록 더 높은 품질의 결과를 얻을 수 있습니다.

다음은 웹 앱 디자인 작업에 유용한 프롬프트 예시입니다. AI에게 명령할 때는 정확한 용어를 사용해야 합니다. 또한 각 프롬프트가 어떤 결과를 만들어 내는지 사전에 확인하고 적극적으로 반영한다면 원하는 디자인을 손쉽게 만들 수 있습니다.

① 프레임 워크 및 구조 향상 프롬프트

- Tailwind CSS를 이용해서 디자인해 줘.
- CSS Grid를 활용해서 콘텐츠를 정렬해 줘.
- Flexbox를 사용해 반응형 레이아웃으로 구성해 줘.
- 카드형 UI로 콘텐츠를 구성해 줘.
- Hero 섹션에 대형 배경 이미지와 CTA 버튼을 추가해 줘.

② 아이콘 및 시각 요소 향상

- Font Awesome을 이용해서 아이콘도 붙여줘.
- 각 섹션에 어울리는 아이콘을 추가해 줘.
- 버튼에 아이콘과 텍스트를 함께 넣어줘.
- 사용자 지정 커서 디자인을 추가해 줘.

③ 디자인 트렌드 바꾸기

- 글래스모피즘 느낌으로 디자인을 바꿔줘.
- 뉴모피즘 스타일로 UI를 구성해 줘.
- 다크 모드 스타일로 구성해 줘.
- 모던하고 미니멀한 느낌으로 디자인해 줘.
- 브루탈리즘 스타일로 바꿔줘.
- 사이버펑크 스타일로 네온 디자인을 적용해 줘.
- 머티리얼 디자인 가이드에 맞게 구성해 줘.
- 레트로 감성의 디자인으로 바꿔줘.
- 배경에 부드러운 그라디언트를 넣어줘.
- 섹션마다 배경색을 다르게 설정해 줘.

Canva에 작업을 지시할 때는 단계적으로 프롬프트를 입력하는 것이 좋습니다. 여러 기능을 한꺼번에 만들면 오류가 발생하기 쉽기 때문입니다. 디자인을 먼저 완성한 다음, 결과가 마음에 들면 그때 작동 방식을 단계적으로 설정하는 것이 좋습니다. 이제 프롬프트를 단계별로 입력하며 앱을 만들어 보겠습니다.

3) 일정 관리 앱 구상하기

화면 상단에는 달력을 배치하고, 하단에는 새 일정을 입력하는 필드가 있고, 추가된 일정이 리스트 형태로 표시되는 일정 관리 앱을 구상했다고 가정해 봅시다.

구상한 내용을 웹 앱으로 구현하기 위해, 앞서 소개한 예시 프롬프트를 조합해 다음과 같은 명령어를 구체적으로 작성해 입력합니다.

> "Tailwind CSS를 이용해서 밝은 톤으로 일정 관리 앱을 만들어줘. Font Awesome 을 이용해서 아이콘도 붙여줘. 화면 상단에 제목과 달력을 만들고 하단에 일정 내용을 입력할 수 있는 입력 필드(Input field)를 구성해 줘. 입력한 내용은 하단에 리스트 형식으로 보이도록 디자인해 줘. 리스트에 있는 것은 선택하여 제거할 수 있는 버튼을 만들어줘."

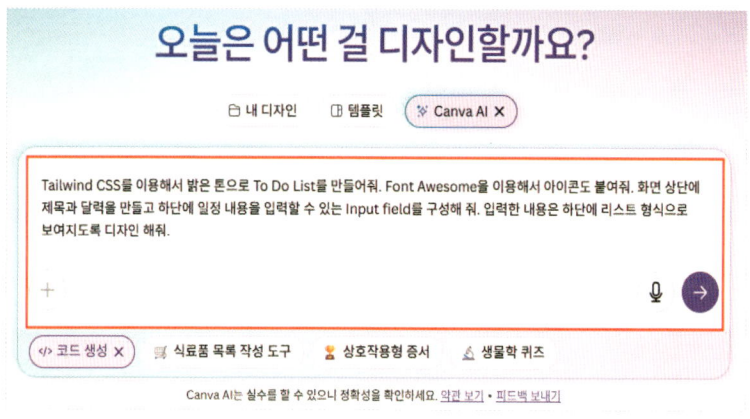

[그림 3] 프롬프트 입력하기

잠시 기다리면 Canva AI가 코드를 작성해, 다음과 같은 일정 관리 앱을 만들어 줍니다. 밝은 파스텔 톤의 화면 상단에는 제목과 실시간 달력이 표시됩니다. 중간에는 일정 입력 필드가 있고, 하단에는 할 일 목록이 나열됩니다. 한 번에 마음에 드는 결과물이 나올 수도 있습니다. 만약 수정하고 싶은 부분이 있다면, 화면 왼쪽 하단 입력 창에 원하는 변경 사항을 입력해 쉽게 고칠 수도 있습니다.

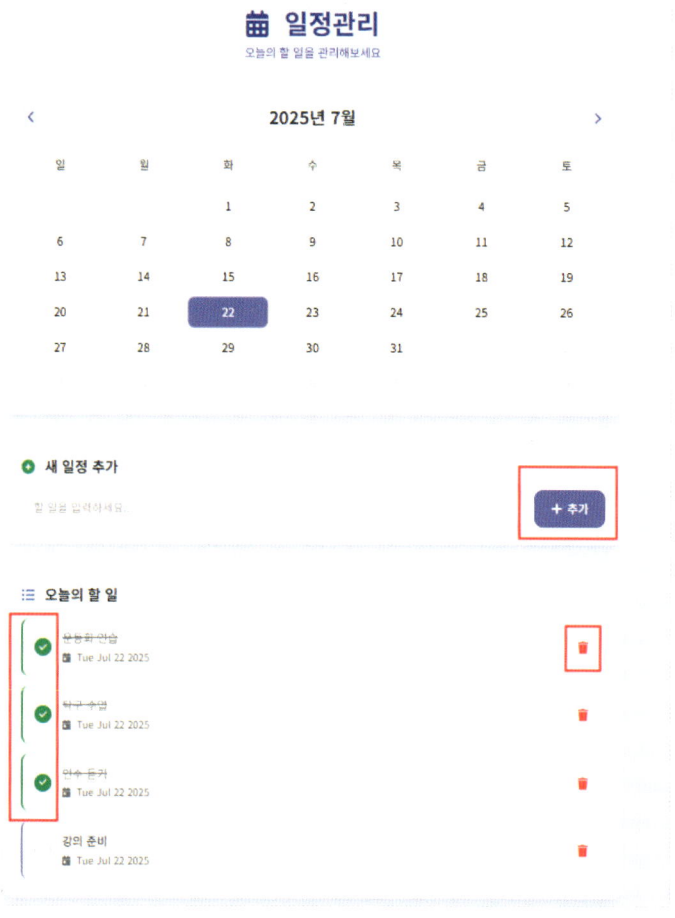

[그림 4] 웹 앱 화면 구성

이 일정 관리 앱은 새 일정 추가 탭의 입력 필드(Input field)에 할 일을 입력하고 "추가" 버튼을 누르면 하단에 오늘의 할 일 목록이 생성됩니다. 완료된 할 일은 왼쪽의 체크 버튼을 눌러 표시할 수 있고, 휴지통 모양 아이콘을 클릭해 삭제할 수도 있습니다.

4) 로컬 스토리지에 데이터 저장

> "입력한 데이터는 로컬 스토리지에 저장되도록 해 줘."

사용자가 입력한 일정을 저장하는 방식을 정해야 합니다. 여러 기기에서 일정을 공유하려면 웹 서버나 데이터베이스에 저장해야 하지만, Canva AI에서는 외부 서버나 데이터베이스와 연결하는 프로그래밍을 구현하기 어렵습니다.

따라서 이번에는 입력한 일정을 사용자 컴퓨터에 저장하는 방식으로 앱을 만들어 보겠습니다. '로컬 스토리지(Local Storage)'는 서버 운영 없이 사용자의 브라우저에 데이터를 저장하는 방식입니다. 이 방식을 사용하면 입력한 일정을 다른 기기에서 확인할 수는 없지만, 내 기기에서만 저장 데이터에 접근할 수 있어 사생활 보호 측면에서 큰 장점이 있습니다. 또한 컴퓨터를 껐다 켜도 저장된 내용이 그대로 남아 표시되므로, 더 이상 책상 위에 메모한 포스트잇을 붙일 필요가 없어집니다.

3. 일정 관리 앱 공유하기

1) 웹사이트 주소 부여하고 게시하기

완성된 일정 관리 앱을 웹사이트 형태로 만들어 보겠습니다. 우측 상단에 있는 '디자인에 사용', '웹사이트' 버튼을 클릭합니다.

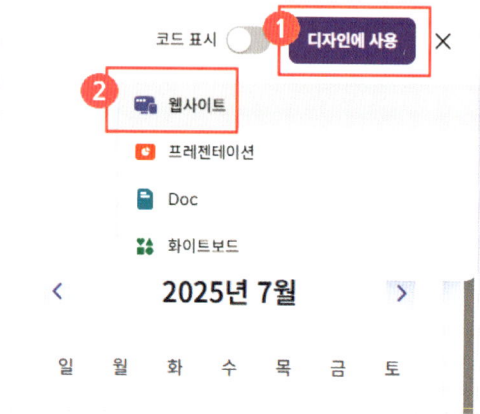

[그림 5] 디자인에 사용(웹사이트)

다음 화면에서 '공유' 버튼과 '웹사이트' 버튼을 차례로 클릭합니다.

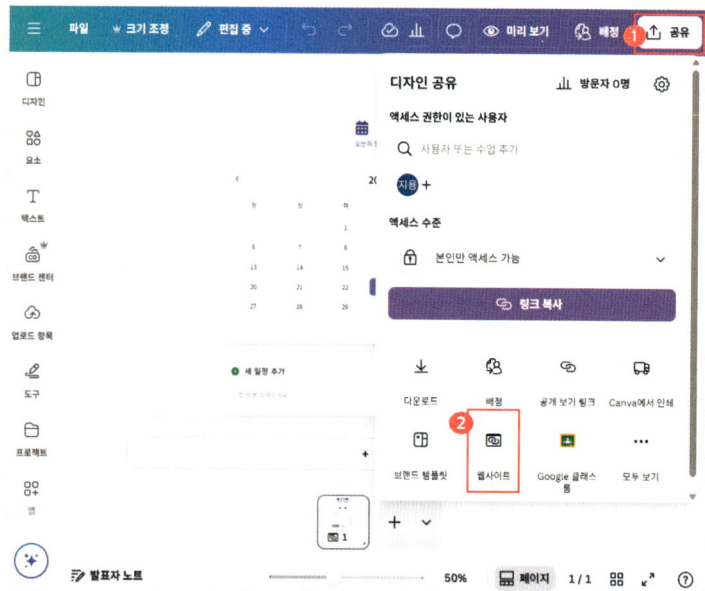

[그림 6] 공유(웹사이트)

웹사이트 주소를 사용자가 원하는 형태로 수정한 뒤 '게시' 버튼을 누르면, 인터넷에서 접속할 수 있는 URL이 생성됩니다.

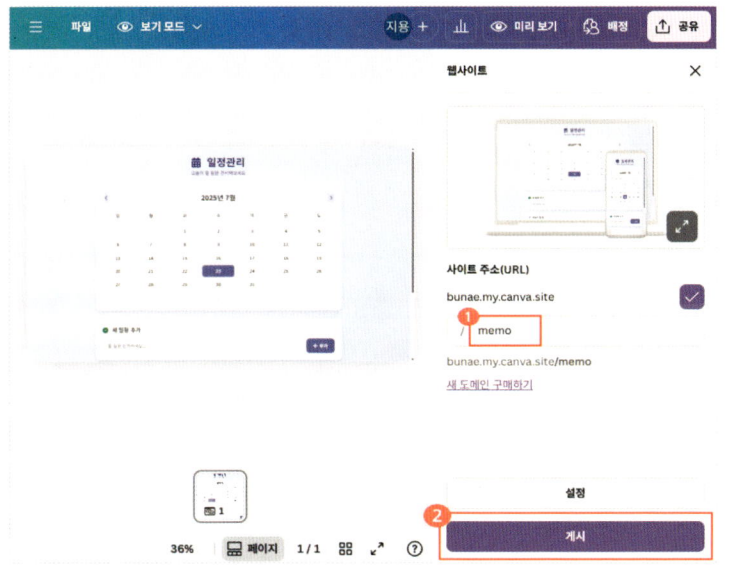

[그림 7] 주소 설정하고 게시하기

만들어진 인터넷 URL은 복사해 원하는 곳에 공유할 수 있습니다. 지금까지 만든 웹 앱의 주소는 https://bunae.my.canva.site/memo입니다. 이 주소를 인터넷 브라우저의 주소창에 입력하면 누구나 해당 일정 관리 앱을 사용할 수 있습니다.

이 앱은 로컬 스토리지에 데이터를 저장하기 때문에, 내 컴퓨터에서 입력한 일정은 내 컴퓨터에서만 확인할 수 있습니다. 한 기기에서만 접근할 수 있어 사생활 보호가 확실하고, 업무용 컴퓨터나 학생용 컴퓨터에서 개인 일정 관리 앱으로 활용하기 좋습니다.

4. 일정 관리 앱 활용하기

1) 컴퓨터 부팅 시 앱 자동 실행시키기

일정 관리 앱에 할 일을 아무리 꼼꼼히 적어 두어도, 정작 확인하지 않으면 아무 소용이 없습니다. 해야 할 일을 꼼꼼히 기록하는 것도 중요하지만, 기록해 둔 일정을 잊지 않고 확인하는 일 역시 중요합니다. 매번 컴퓨터를 켜고 브라우저를 열어 일정 관리 앱에 접속해야 하는 것은 무척 번거로운 일입니다.

이럴 때는 컴퓨터를 부팅하면 일정 관리 앱이 자동으로 열리도록 설정하는 방법이 유용합니다. 마치 책상에 붙여 둔 포스트잇처럼, 컴퓨터를 켤 때마다 오늘의 할 일을 바로 확인할 수 있다면 중요한 일정을 놓칠 일이 없습니다. 간단한 설정만으로도 컴퓨터 부팅과 동시에 일정 관리 앱을 자동 실행하도록 만들 수 있습니다.

윈도우 컴퓨터에서 웹사이트 바로 가기 파일을 윈도우 시작 프로그램 폴더에 넣으면 컴퓨터가 켜질 때 자동으로 일정 관리 앱이 실행됩니다.

① 일정 관리 앱 바로 가기 만들기

바탕화면에서 마우스 오른쪽 버튼을 클릭하고 '새로 만들기', '바로 가기'를 선택합니다. 그런 다음 사용자가 만든 일정 관리 앱 웹사이트의 주소 https://bunae.my.canva.site/memo를 입력하고, '다음'을 눌러 바로 가기 아이콘을 바탕화면에 만듭니다.

② 바로 가기를 시작 프로그램 폴더에 넣기

바로 가기 아이콘을 윈도우의 시작 프로그램 폴더에 넣으면 컴퓨터 부팅과 동시에 일정 관리 앱이 자동 실행됩니다. '윈도우 키 + R' 키를 눌러 실행 창을 연 뒤, 'shell:startup'을 입력하면 시작 프로그램 폴더가 열립니다. 여기에 앞서 만든 웹사이트 바로 가기 아이콘을 복사하여 붙여 넣으면 설정이 완료됩니다.

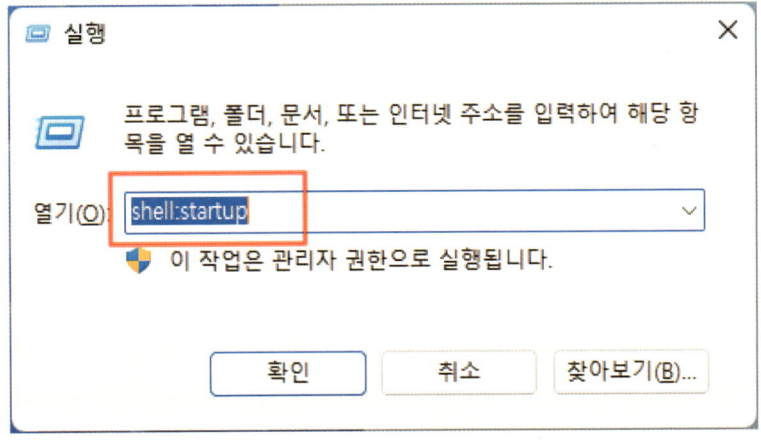

[그림 8] 시작 프로그램 폴더 열기

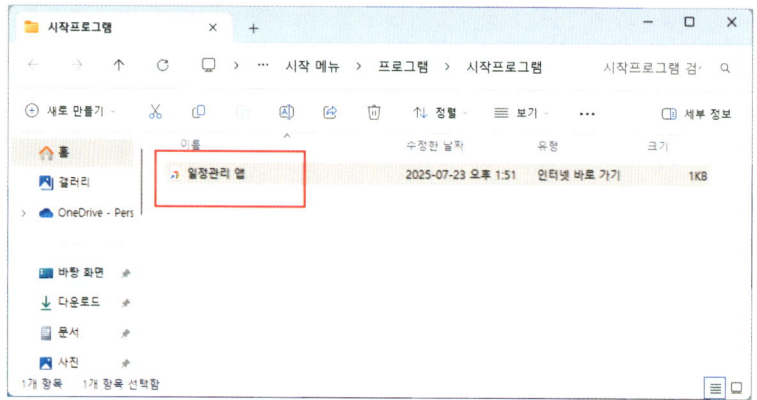

[그림 9] 시작 프로그램 폴더에 바로 가기 추가하기

2) 일정 관리 앱 활용 효과

효율적인 일정 관리를 위해서는 중요한 업무를 체계적으로 기록하고 관리하는 습관이 필요합니다. 이번 장에서는 Canva AI를 이용해 가볍고 직관적인 나만의 일정 관리 앱을 만들어 보았습니다. 이 앱은 별도의 프로그램 설치 없이 웹 브라우저만 있으면 바로 사용할 수 있습니다.

일정 관리 앱은 종이 다이어리보다 간편하고 접근성이 좋아, 교사와 학생 모두가 일정을 효율적으로 관리하며 자기 관리 능력을 키우는 데 큰 도움이 될 것입니다.

바이브 코딩은 코딩 지식이 없어도 누구나 프로그래밍에 도전할 수 있도록 돕는 실용적인 AI 기술입니다. Canva AI의 '〈/〉코드 생성' 기능을 활용하면, 간단한 프롬프트만으로도 앱을 직접 제작할 수 있습니다.

`Canva AI`

학급 운영 앱

Canva AI를 활용하면 코딩 지식이 없는 교사나 학생도 손쉽게 앱을 제작해 수업이나 학급 운영에 활용할 수 있습니다. 이번 장에서는 교실에서 유용하게 사용할 수 있는 네 가지 앱을 만들어 보겠습니다.

첫 번째는 **자리 배치 앱**입니다. 학급 운영에서 학생 자리 배치는 선생님들이 자주 겪는 고민 중 하나입니다. 학생들 자리를 공평하게 배치하고, 서로 잘 어울리도록 배려하며, 친한 친구끼리만 모이지 않도록 신경 써야 합니다. 학생 수가 많거나 특별히 고려해야 할 상황이 있는 경우에는 자리 배치에 많은 시간과 노력이 필요합니다. 이럴 때 자리 배치 앱은 선생님의 부담을 줄이고 효율적인 학급 운영을 도와줍니다.

두 번째는 **MBTI 검사 앱**입니다. 누구나 한 번쯤 '나는 어떤 사람일까?'라는 궁금증을 가져본 적이 있을 것입니다. 자신을 이해하는 것은 사회적 관계를 맺는 첫걸음입니다. MBTI 검사 앱은 간단한 설문 응답을 통해 학생의 MBTI 성격 유형을 분석하고, 강점과 약점, 학습 스타일, 추천 직업까지 안내합니다. 이 앱을 통해 학생들은 자신의 성향과 행동의 이유를 이해하고, 다른 사람을 새로운 시각으로 바라볼 수 있습니다.

세 번째는 **기억력 매칭 게임 앱**입니다. 게임은 학생들이 부담 없이 수업에 몰입할 수 있는 친숙한 방식입니다. 이 앱을 활용하면 놀이처럼 즐기면서도 중요한 지식을 자연스럽게 습득할 수 있습니다. 학생들은 친구와 협력하며 문제를 해결하는 기쁨을 느끼고, 암기 학습을 즐거운 교실 활동으로 바꿀 수 있습니다.

네 번째는 **감사 일기장 앱**입니다. 감사의 순간을 돌아보는 일은 생각보다 어렵지 않습니다. 잠깐 멈춰 하루를 떠올려 보면 친구와의 대화, 따스한 햇살, 맛있는 점심 한 끼처럼 평범해 지나쳤던 순간들이 떠오릅니다. 이러한 소소한 행복을 기록하면 기분이 좋아지고 생활의 만족감도 높아집니다. 매일 한 줄씩 감사의 순간을 적다 보면 자신을 긍정적으로 바라볼 수 있게 됩니다.

이번 장에서는 Canva AI의 코드 생성 기능을 활용해 프롬프트를 작성하고, 이를 통해 생성된 웹 앱 결과물을 소개합니다. 웹 앱 주소를 설정하고 게시하는 과정은 앞에서 다룬 「Canva AI로 만드는 일정 관리 앱」과 동일하므로 이번 장에서는 생략합니다.

Canva AI로 만든 웹 앱은 한 번에 완벽하게 생성되기보다는 오류나 아쉬운 부분을 수정하며 점점 원하는 결과물에 가까워지는 과정을 거쳐야 합니다. Canva AI를 활용하여 네 가지 예제를 따라 웹 앱을 만들어 보면 어느새 교실에서 필요한 웹 앱을 스스로 제작해 활용할 수 있는 AI 활용 역량을 갖추게 될 것입니다.

1. 자리 배치 앱 제작하기

자리 배치는 교사의 학급 운영에서 생각보다 많은 고민이 필요한 일입니다. 학생 모두에게 공평하게 자리를 정하고, 특정 학생끼리 너무 가까이 앉지 않도록 하는 등 다양한 조건을 신경 써야 합니다. 특히 학생 수가 많아질수록 이런 고민은 더 커집니다.

이럴 때 자리 배치 앱이 큰 도움이 됩니다. 이 앱은 선생님의 부담을 확 줄여줍니다. 공평하게 자리를 배정할 수 있고, '서로 떨어뜨려야 할 학생 지정'과 같은 반영 사항도 손쉽게 추가할 수 있습니다.

1) 앱 생성 프롬프트 입력

> "자리 배치 앱을 만들어줘. 우리 반 남학생은 권용기, 김태욱, 문도용, 문준현, 성연철, 양원전, 유희중, 이가옥, 임효철, 전현중, 한지온, 안대강이고, 여학생은 김이원, 김서현, 김연하, 성채영, 윤하영, 이연자, 이해옥, 정수연, 조연정, 최지우, 황설하야. 교실 앞쪽에는 칠판을 만들고, 학생 책상은 가로 6개 × 세로 4개로 배치해줘. 각 책상에는 학생 이름을 랜덤으로 배정하고, 왼쪽부터 두 열씩 같은 색으로 구분해 줘. 같은 색의 첫 번째 열에는 남학생, 두 번째 열에는 여학생을 배정해 줘. 앞자리부터 채우고, 남는 자리(빈자리)는 뒤쪽에 두도록 해. 버튼을 누르면 랜덤 자리 배정이 다시 이루어지도록 해 줘. Tailwind CSS를 이용해서 밝고 경쾌한 톤으로 디자인하고, Font Awesome 아이콘도 활용해 줘."

[그림 1] 자리 배치 앱 프롬프트 입력

2) 반영 사항 추가하기

이번에는 자리 배치 앱에 특정 학생들이 같은 줄이나 인접한 자리에 앉지 않도록 설정하는 기능을 추가해 보겠습니다. 이 기능을 활용하면, 서로 사이가 좋지 않은 학생들이 무작위 배치에서 나란히 앉는 상황을 방지할 수 있습니다.

> "아래 남학생, 여학생 명단을 선택할 수 있게 해주고, 선택한 학생은 같이 앉지 않도록 해 줘"

위의 프롬프트 입력하면, 앱 화면 하단에 같이 앉지 않도록 해야 하는 학생 명단을 지정할 수 있는 기능이 추가됩니다.

3) 자리 배치 앱 (bit.ly/자리배치앱)

'랜덤 자리 재배정' 버튼을 누르면 학급의 모든 학생이 무작위로 자리에 배정됩니다. 이 기능을 통해 공정한 자리 배정이 가능하며 학생들의 불만도 최소화할 수 있습니다.

앱 화면 하단에 같이 앉지 않아야 하는 학생 명단을 목록에서 선택할 수 있는 기능이 있습니다. 이 기능으로 선생님은 사이가 좋지 않거나 떨어져 앉아야 할 학생들을 쉽게 지정할 수 있으며, 앱은 이러한 조건을 반영해 자리 배치를 합니다. 우리 반 상황에 맞게 앱 생성 프롬프트를 수정해서 자리 배치 앱을 만들어 활용해 보세요.

[그림 2] 자리 배치 앱

2. MBTI 검사 앱 제작하기

Canva AI를 활용해 초등학생에게 적합한 어휘로 MBTI 검사지를 제작하고, 학생들이 활용하기 쉬운 결과 분석 자료를 구성하였습니다.

1) 앱 생성 프롬프트 입력

"MBTI검사 앱을 만들어줘. 초등학생 대상으로 MBTI 질문을 생성하고 학생 응답을 받도록 해 줘. 질문지는 한 페이지에 객관식 체크를 할 수 있도록 하고, 저장하기 버튼을 누르면 분석 페이지가 나오도록 해 줘. 분석 페이지에는 응답자의 MBTI 유형이 나오고 성격의 강점, 약점, 학습 방법, 추천 직업 등 재미있는 정보가 제공되어야 해. Tailwind CSS를 사용해서 디자인해 주고 Canva AI 화면과 비슷한 색상이면 좋겠어."

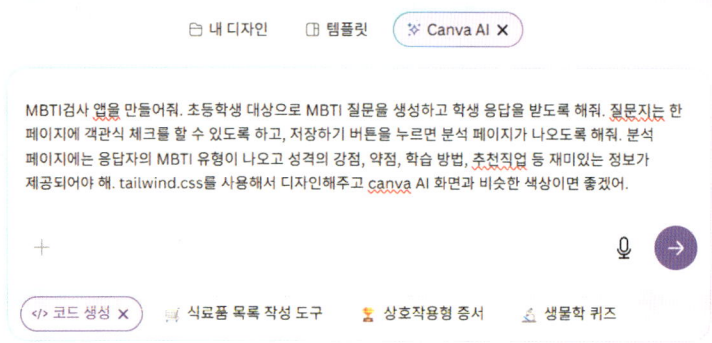

[그림 3] MBTI 검사 앱 프롬프트 입력

2) MBTI 검사 앱 (bit.ly/MBTI검사앱)

  자신의 MBTI 성격유형을 이해한다면, 나의 장점은 더 크게 키우고, 약점은 현명하게 받아들일 수 있습니다. 나의 MBTI 성격 유형에 맞는 직업도 탐색해 볼 수 있습니다. 친구의 성격 유형을 알게 되면 친구를 더 잘 이해할 수 있고, 친구 관계를 원만하게 맺을 수도 있습니다.

  Canva AI로 만든 MBTI 검사지는 12문항의 질문으로 구성됩니다. 문항 수가 적지만 학생들의 수준에 알맞는 질문으로 정확한 MBTI 유형을 분석해 줍니다.

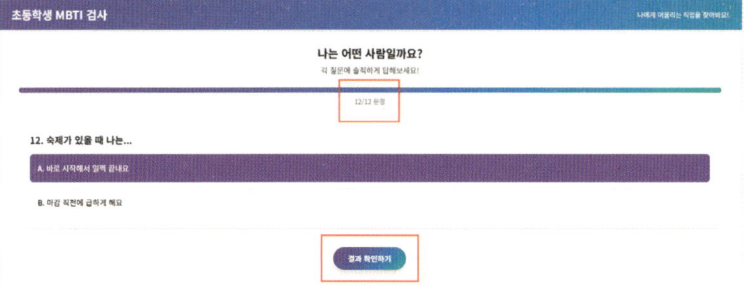

[그림 4] MBTI 검사 앱

MBTI 검사지 12문항의 질문에 응답하면 검사자의 MBTI 유형뿐만 아니라, 나의 강점, 약점, 나에게 맞는 공부 방법, 나에게 어울리는 직업을 분석하여 다음과 같은 결과지를 보여줍니다. 'bit.ly/MBTI검사앱'에 접속하면 위의 예제 MBTI 성격 유형 검사를 해볼 수 있습니다.

[그림 5] MBTI 검사 결과지

3. 기억력 매칭 게임 앱 제작하기

기억력 매칭 게임은 학급 전체가 함께 참여할 수 있는 것이 장점입니다. 학생들은 차례대로 카드의 짝을 찾아가며 문제를 함께 풀고 의견을 나누는 시간을 가질 수 있습니다. 게임 요소 덕분에 자연스럽게 집중하게 되고, 틀리더라도 재도전 과정에서 학습 내용을 오래 기억하게 됩니다.

1) 앱 생성 프롬프트 입력

> "교실 수업 시간에 사용할 수 있는 상호 작용형 기억력 매칭 게임을 만들어 줘. 12개의 이모티콘 카드(6쌍)로 구성하고, 오른쪽에는 1~6조의 점수를 기록할 수 있는 점수판을 만들어줘. 점수는 클릭하면 1점씩 추가할 수 있고, 초기화할 수 있는 버튼도 만들어줘. Tailwind CSS를 사용해서 디자인해 주고 Canva AI 화면과 비슷한 색상이면 좋겠어."

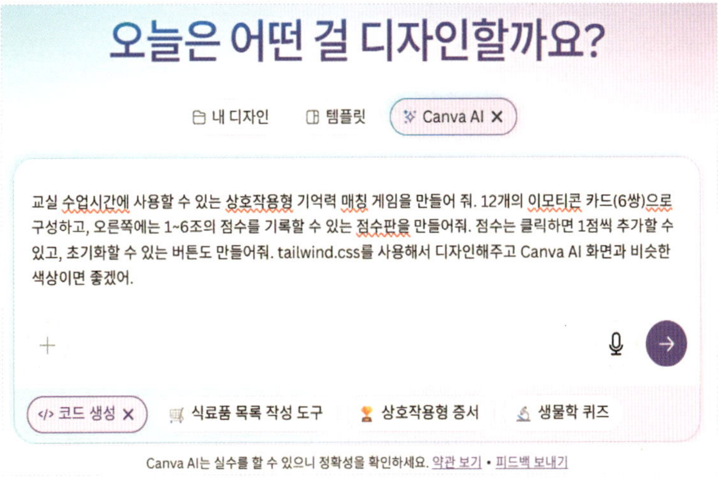

[그림 6] 기억력 매칭 게임 앱 프롬프트 입력

2) 기억력 매칭 게임 앱 (bit.ly/기억력앱)

[그림 7] 기억력 매칭 게임 앱

　기억력 매칭 게임은 같은 그림이나 글자가 있는 카드를 짝지어 맞히는 게임입니다. 카드 뒷면을 보고 기억한 후, 한 번에 두 장씩 뒤집어 같은 그림이 나오면 성공이고, 다르면 다시 뒤집습니다. 모든 짝을 맞출 때까지, 모둠별로 돌아가며 맞춥니다.

　모둠 대항 게임에 활용할 수 있도록 오른쪽에 모둠 점수판을 추가해서 정답을 맞힌 모둠의 점수를 바로 기록할 수 있도록 했습니다. 단순한 그림 맞추기를 넘어 각 교과의 학습 내용을 반영한 교과 학습용 게임으로 제작할 수도 있습니다. 'bit.ly/기억력앱'에 접속하면 앞서 소개한 기억력 매칭 게임을 교실에서 학생들과 함께 체험해 볼 수 있습니다.

4. 감사 일기장 앱 제작하기

"행복해서 감사한 것이 아니라, 감사하기 때문에 행복해진다"는 말이 있습니다. Canva AI의 코드 생성 기능을 활용해서 감사를 습관화할 수 있는 감사 일기장 앱을 만들어 보겠습니다.

1) 앱 생성 프롬프트 입력

"Tailwind CSS를 이용해서 밝은 톤으로 감사 일기장을 만들어줘. Font Awesome을 이용해서 아이콘도 붙여줘. 화면 상단에 제목과 달력을 만들고 하단에 감사 내용을 입력할 수 있는 Input field를 구성해 줘. 로컬 스토리지에 내용이 저장되도록 하고, 감사 일기 내용이 저장된 날은 달력에 표시를 해 줘."

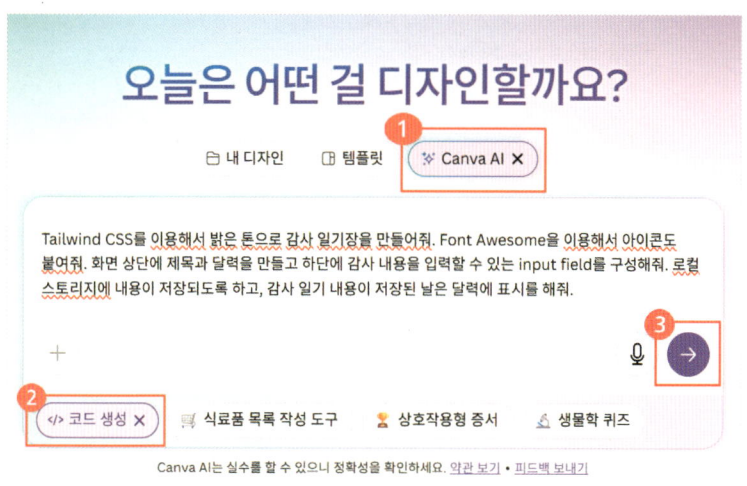

[그림 8] 감사 일기장 앱 프롬프트 입력

2) 감사 일기장 앱 (bit.ly/감사일기장앱)

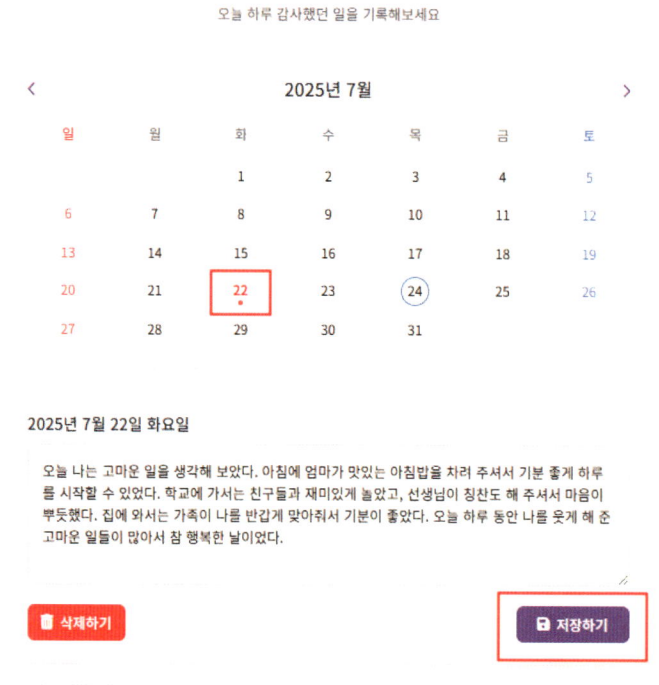

[그림 9] 감사 일기장 앱

앱 화면 상단에 있는 달력을 클릭하면 원하는 날짜에 감사 일기를 작성할 수 있습니다. 하단의 '저장하기' 버튼을 누르면 달력의 해당 날짜 아래에 빨간색 점이 표시되어, 일기를 쓴 날을 한눈에 확인할 수 있어 편리합니다. 또한 '삭제하기' 버튼을 누르면 그날의 감사 일기를 지울 수도 있습니다. 'bit.ly/감사일기장앱'에 접속해서 감사 일기를 써보세요.

작성한 감사 일기는 로컬 스토리지에 저장되기 때문에 내 컴퓨터에서만 확인할 수 있습니다. 다른 사람에게 보여주고 싶지 않은 나만의 일기를 비밀스럽게 기록할 수 있다는 장점이 있습니다.

5. 학급 운영 앱 활용하기

바이브 코딩은 교실의 디지털 교육을 근본적으로 바꿀 수 있는 강력한 도구입니다. 프로그래밍 지식이 전혀 없는 교사도 학급에 맞는 자리 배치 앱을 만들 수 있고, MBTI 검사 도구나 기억력 매칭 게임, 감사 일기장 앱 등 다양한 교육용 앱을 직접 개발해 사용할 수 있습니다.

바이브 코딩을 통해 기존의 획일적인 디지털 교육 도구에서 벗어나 학생 개개인에게 맞춘 학습 환경을 만들 수 있게 되었습니다. 학생들은 교사가 만든 도구를 사용하며 자연스럽게 디지털 능력을 기릅니다. 더 나아가 학생들도 간단한 앱을 직접 만들어 보며 창의적 사고와 문제 해결 능력을 자연스럽게 키울 수 있습니다.

바이브 코딩은 AI 시대에 필요한 핵심 능력, 즉 인간과 AI의 협업 능력과 창의적 문제 해결력을 기르는 교육 혁신이 될 것입니다.

Google Apps Script

Google Apps Script는 구글 시트와 연동해 직접 AI 기능을 구현할 수 있는 프로그래밍 플랫폼이에요. 실제 수업에서는 Gemini API 같은 인공지능 모델을 Apps Script로 연결해서, AI 기능이 들어간 교육용 앱을 직접 개발해 볼 수 있습니다. 구글 생태계 안에서 진짜 'AI 앱 만들기'를 손쉽게 경험할 수 있습니다.

Apps Script

마음 일기

우리는 매일 변화하는 학생들의 다양한 감정과 마주합니다. 하지만 많은 학생은 자신의 감정을 정확히 인지하거나 표현하는 데 어려움을 겪습니다. 또한 바쁜 학교생활 속에서, 선생님들 역시 학생 한 명 한 명의 미묘한 정서 변화를 모두 파악하기는 쉽지 않습니다.

이런 필요를 해결하기 위해 Google Apps Script 기반 '마음 일기' 웹 앱을 만들었습니다. 이 앱은 학생들이 자신의 감정을 자유롭고 안전하게 기록할 수 있는 디지털 공간을 제공합니다. 또한 생성형 AI 기술과 결합해, 선생님이 학생들의 정서 상태를 더 깊이 이해하고 적절한 지도를 할 수 있도록 도와주는 강력한 도구가 됩니다.

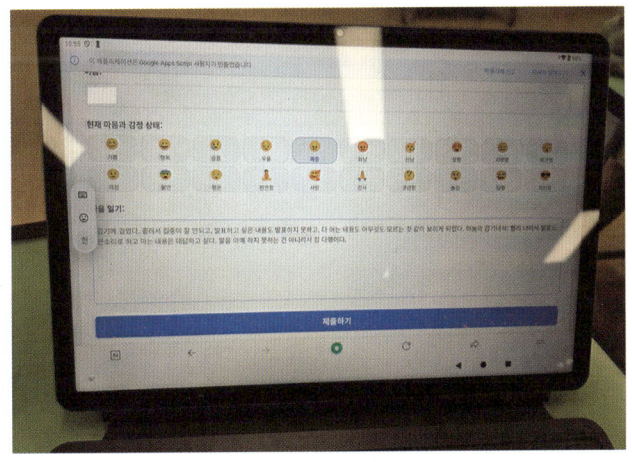

1. 마음 일기 특징

교실에서 아이들의 마음을 읽어내기가 쉽지 않으시죠? 표면적으로는 괜찮아 보이는 학생이 사실은 깊은 고민을 안고 있거나, 평소 활발해 보이던 아이가 갑자기 침묵하는 모습을 보며 어떻게 다가가야 할지 고민하셨을 것입니다.

이 프로그램은 바로 그런 선생님들의 고민에서 출발했습니다. 학생들이 자신의 감정을 솔직하게 표현할 수 있는 안전한 공간을 만들고, 동시에 선생님께서 학생들의 마음을 더 깊이 이해할 수 있도록 돕는 것이 목표입니다.

학생들은 이모티콘 선택과 간단한 일기 작성을 통해 하루의 감정을 자연스럽게 기록할 수 있습니다. 때로는 친구나 부모님, 심지어 선생님께도 말하기 어려운 감정들을 디지털 공간에서라면 더 편안하게 표현할 수 있습니다.

[그림 1] 마음 일기 앱 화면

생성형 AI가 '선생님의 피드백' 형식으로 학생의 마음 일기에 응답하는 기능은 단순한 기술적 도입을 넘어 교육적으로도 다양한 의미와 효과를 지닙니다. 학생은 감정을 담아 일기를 작성한 직후 AI로부터 따뜻한 피드백을 받으며 즉각적인 정서적 지지와 공감을 경험할 수 있습니다. 이러한 경험은 자신의 감정이 존중받고 있다는 느낌을 주고, 심리적 안정감을 높이는 데 도움을 줍니다.

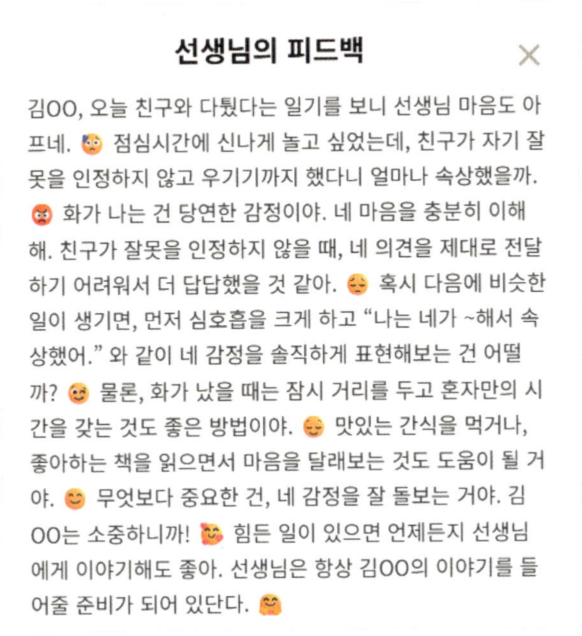

선생님의 피드백

김OO, 오늘 친구와 다퉜다는 일기를 보니 선생님 마음도 아프네. 😢 점심시간에 신나게 놀고 싶었는데, 친구가 자기 잘못을 인정하지 않고 우기기까지 했다니 얼마나 속상했을까. 😠 화가 나는 건 당연한 감정이야. 네 마음을 충분히 이해해. 친구가 잘못을 인정하지 않을 때, 네 의견을 제대로 전달하기 어려워서 더 답답했을 것 같아. 😌 혹시 다음에 비슷한 일이 생기면, 먼저 심호흡을 크게 하고 "나는 네가 ~해서 속상했어." 와 같이 네 감정을 솔직하게 표현해보는 건 어떨까? 😊 물론, 화가 났을 때는 잠시 거리를 두고 혼자만의 시간을 갖는 것도 좋은 방법이야. 😌 맛있는 간식을 먹거나, 좋아하는 책을 읽으면서 마음을 달래보는 것도 도움이 될 거야. 😊 무엇보다 중요한 건, 네 감정을 잘 돌보는 거야. 김OO는 소중하니까! 💖 힘든 일이 있으면 언제든지 선생님에게 이야기해도 좋아. 선생님은 항상 김OO의 이야기를 들어줄 준비가 되어 있단다. 🤗

[그림 2] 마음 일기 AI 피드백

여기서 정말 주목할 만한 부분은 AI의 분석 기능입니다. 이 시스템은 단순히 '기쁘다'와 '슬프다'를 구분하는 수준을 넘어, 학생의 감정 키워드와 표현 패턴, 정서 변화의 흐름까지 세밀하게 읽어냅니다. 예를 들어, 평소 밝던 아이가 최근 일주일 동안 '피곤하다', '귀찮다' 같은 표현을 반복적으로 사용했다면 AI는 이를 감지해 선생님께 알립니다. 겉으로는 문제없어 보이는 학생의 내면 변화까지 놓치지 않을 수 있는 것입니다.

학생이 작성한 마음 일기와 AI 피드백은 Google 스프레드시트에 자동으로 누적됩니다. 이를 통해 별도의 복잡하고 비용이 많이 드는 데이터베이스 서버를 구축할 필요 없이, 스프레드시트를 데이터 저장소로 활용해 운영 비용을 절감할 수 있습니다. 또한, 교사들은 익숙한 스프레드시트 환경에서 학생들의 일기를 직관적으로 확인하고 분석할 수 있습니다.

이런 방식은 단순한 기록을 넘어 생활지도의 강력한 도구가 됩니다. 예를 들어 학부모 상담 시 "최근 한 달 동안 우리 아이가 이런 감정 변화를 보였고, 이런 부분에서 어려움을 겪는 것 같습니다"라고 구체적인 데이터를 제시할 수 있어 부모님의 이해와 협력을 쉽게 이끌어낼 수 있습니다.

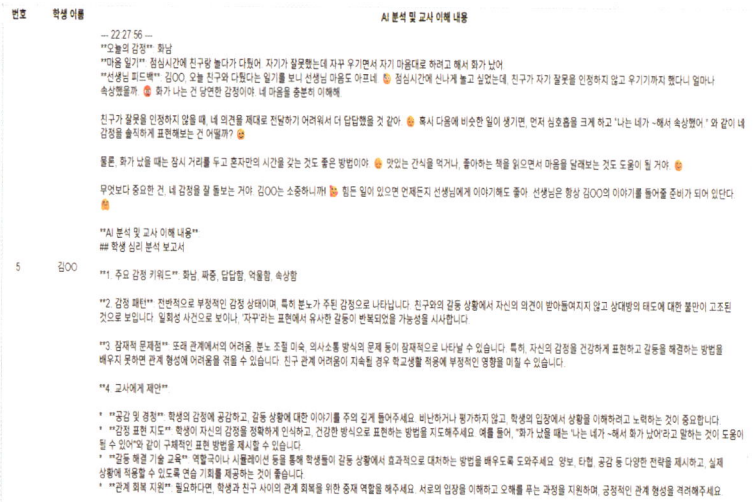

[그림 3] 마음 일기 AI 분석 및 교사에게 제언

2. 마음 일기 앱 제작하기

1) Google Apps Script를 활용한 앱 제작 방법

가) Google Apps Script 소개

Google Apps Script는 Google에서 제공하는 무료 자동화 도구로, 우리가 자주 사용하는 Google 워크스페이스(Google 시트, 문서, 설문, 드라이브 등)를 더 똑똑하게 만들어주는 도우미라고 할 수 있습니다.

예를 들어, 학부모에게 메일을 보내거나 성적표를 만드는 반복적인 작업, 설문 응답이 들어오면 자동으로 요약표를 만드는 일 등을 자동으로 처리할 수 있습니다. Google Apps Script를 활용하면 이런 반복 업무를 자동화하여 시간을 절약할 수 있고, 동시에 실수를 줄이는 데에도 도움이 됩니다.

웹 앱을 만들 때는 Google Apps Script가 웹페이지를 만들고, 스프레드시트와 데이터를 주고받으며, AI와 연결할 수 있게 해주는 중간 관리자 역할을 합니다.

[그림 4] Google Apps Script 화면

나) Google Apps Script를 활용한 앱 제작 과정

① 준비 단계

먼저, Google 계정과 Google 스프레드시트를 준비합니다. 스프레드시트는 웹 앱의 데이터베이스 역할을 하며, 학생들의 응답과 AI 피드백을 기록하고, 필요하다면 AI가 데이터를 분석하거나 새로운 피드백을 추가할 수도 있습니다.

생성형 AI 기능을 활용하려면 Google AI Studio에서 Gemini API 키를 발급받아야 합니다. 다만, 단순한 데이터 기록이나 자동화만 필요하다면 API 키 없이도 앱 제작이 가능합니다.

② Google Apps Script 코드 작성

웹 앱을 제작하려면 Google Apps Script에 코드를 작성해야 합니다. 코드는 기본적으로 프론트엔드(Front-End)와 백엔드(Back-End)로 나눌 수 있습니다.

프론트엔드는 사용자가 직접 보는 화면을 만드는 부분입니다. 학생이나 교사가 웹 브라우저에서 보고 입력하는 영역과 관련된 코드입니다. 쉽게 말해, 프론트엔드는 교실의 칠판과 같아서 학생과 교사가 눈으로 보고 상호작용하는 공간이라고 생각할 수 있습니다.

백엔드는 사용자가 직접 볼 수 없는 뒤쪽 작업을 담당하는 코드입니다. 데이터 처리, 스프레드시트 기록, AI 호출 등의 역할을 수행합니다. 백엔드는 교무실의 교사 업무와 비슷합니다. 학생들은 볼 수 없지만, 뒤에서 모든 처리가 이루어져야 수업이 원활히 진행됩니다.

프론트엔드만 있는 경우 화면은 보이지만 데이터가 저장되지 않거나 AI가 동작하지 않습니다. 반대로 백엔드만 있다면 데이터 처리는 가능하지만 사용자가 볼 화면이 없어 입력할 수 없습니다.

따라서, 두 부분을 잘 연결해야만 학생이 웹에서 입력하면 백엔드가 이를 처리하고, 그 결과가 프론트엔드 화면에 표시되는 완전한 상호작용이 이루어집니다.

[그림 5] Google Apps Script 코드 구조와 역할

③ Google Apps Script 코드 작성

코딩은 복잡하게 시작할 필요가 없습니다. 만들고 싶은 앱의 기능과 흐름을 챗GPT, Gemini, 클로드 등과 같은 생성형 AI(거대언어모델)에게 자연어로 설명하면 됩니다. 그러면 AI가 필요한 Google Apps Script 코드를 자동으로 작성해 주어, 초보자도 손쉽게 앱을 구현할 수 있습니다.

④ 웹 앱 배포 및 테스트

코드 작성이 완료되면, 웹 앱으로 배포해야 합니다. 여기서 '배포'란,

지금까지 작성한 Apps Script 코드를 실제 웹 환경에서 학생과 교사가 사용할 수 있도록 공개하는 과정을 의미합니다. 배포를 마치면, 제공된 웹 주소(URL)를 통해 누구나 앱을 실행하고 테스트할 수 있습니다.

2) 마음 일기 웹 앱 제작을 위한 코드 생성

웹 앱을 만들기 위해, Gemini에 다음과 같이 요청했습니다.

Gemini는 요청한 기능에 맞춰 필요한 코드를 자동으로 생성해 주며, 생성된 코드에 대한 설명도 함께 제공합니다. 이렇게 하면 코드를 직접 작성하지 않아도 앱 제작 과정을 쉽게 진행할 수 있습니다.

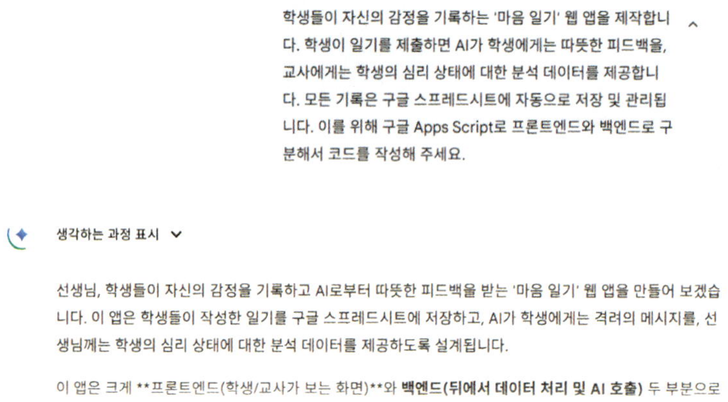

> 학생들이 자신의 감정을 기록하는 '마음 일기' 웹 앱을 제작합니다. 학생이 일기를 제출하면 AI가 학생에게는 따뜻한 피드백을, 교사에게는 학생의 심리 상태에 대한 분석 데이터를 제공합니다. 모든 기록은 구글 스프레드시트에 자동으로 저장 및 관리됩니다. 이를 위해 구글 Apps Script로 프론트엔드와 백엔드로 구분해서 코드를 작성해 주세요.

생각하는 과정 표시 ∨

선생님, 학생들이 자신의 감정을 기록하고 AI로부터 따뜻한 피드백을 받는 '마음 일기' 웹 앱을 만들어 보겠습니다. 이 앱은 학생들이 작성한 일기를 구글 스프레드시트에 저장하고, AI가 학생에게는 격려의 메시지를, 선생님께는 학생의 심리 상태에 대한 분석 데이터를 제공하도록 설계됩니다.

이 앱은 크게 **프론트엔드(학생/교사가 보는 화면)**와 **백엔드(뒤에서 데이터 처리 및 AI 호출)** 두 부분으로

[그림 6] Gemini에 코드 제작 요청

Gemini가 생성한 결과 화면에서 백엔드 코드와 프론트엔드 코드를 각각 확인할 수 있습니다. 백엔드 코드(Code.gs)를 선택하면 데이터 처리와 같은 숨은 기능을 담당하는 코드를 볼 수 있고, 캔버스 기능으로 웹 앱

화면을 미리보기로 확인할 수 있습니다. 또한 프론트엔드 코드도 열어 코드를 직접 확인할 수 있습니다. 제작된 코드를 복사하여 Google Apps Script에 입력할 코드를 준비할 수 있습니다.

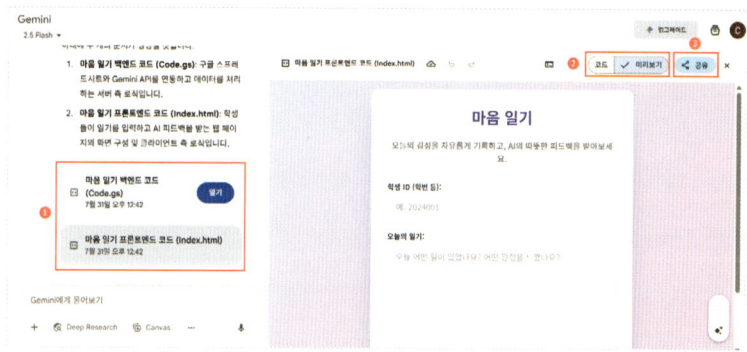

[그림 7] 코드 제작된 결과 화면

3) 웹 앱 최초 배포 및 실행 가이드

Gemini에서 제작한 프론트엔드(Index.html) 및 백엔드(Code.gs) 코드를 Google Apps Script 환경에 설정하고 웹 앱으로 배포합니다.

① Google 스프레드시트 준비하기

'마음 일기' 앱의 데이터가 저장될 스프레드시트를 만듭니다. 스프레드시트 하단의 시트 이름을 '설정'으로 변경합니다. '설정' 시트와 관련된 사항은 마음 일기 웹 앱을 제작하면서 많은 수정과정을 거쳐 Gemini에게 최종적으로 요청한 사항이기 때문입니다. 추후에 최종적으로 Gemini에게 요청했던 프롬프트를 제공하겠습니다.

설정 시트의 B1 셀에 웹 앱 하단에 표시될 '만든 사람' 이름을 입력합니다.(예: 박찬 선생님)

설정 시트의 B2 셀에 발급받은 Gemini API 키를 정확히 붙여넣습니다. API 키 복사 시 앞뒤 공백이 들어가지 않도록 주의합니다. 그리고, 학생별 시트(예: 1, 2, 3)는 미리 만들어 두어도 좋고, 앱이 실행되면서 자동으로 생성될 수도 있습니다. 만약 미리 만든다면, 시트 이름이 학생 번호와 정확히 일치해야 합니다.

② Google Apps Script 편집기 열기

Google 스프레드시트의 상단 메뉴에서 확장 프로그램의 Apps Script를 클릭하면 새로운 탭에 Apps Script 편집기 화면이 열립니다.

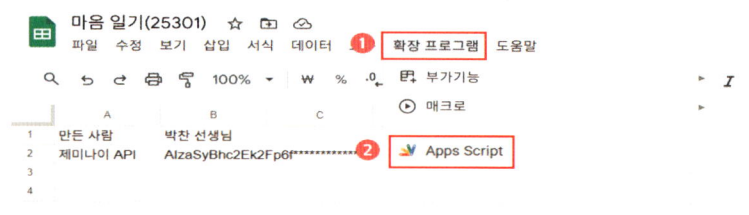

[그림 8] Apps Script 편집기 열기

③ Index.html(프론트엔드) 코드 붙여넣기

Apps Script 편집기 왼쪽 파일 탐색기에서 + 버튼을 클릭하고 HTML을 선택합니다. 새 파일 이름을 Index로 지정하고 확인을 클릭합니다. 이때 대소문자 정확히 일치해야 합니다. 간혹 Gemini에서 프론트엔드 코드를 작성할 때 index.html로 소문자로 작성하면 HTML 파일을 생성할 때 파일 이름을 동일하게 소문자로 작성해야 합니다.

[그림 9] Index 파일 만들기

기존에 작성되어 있는 기본 코드는 모두 삭제한 뒤, Gemini에서 생성한 전체 코드를 복사해 붙여넣습니다.

이때, 코드 일부를 드래그하여 복사하기보다는 Gemini의 공유 버튼에서 '콘텐츠 복사' 기능을 사용하면 전체 코드를 한 번에 복사할 수 있어, 일부 코드가 누락되는 오류를 줄일 수 있습니다.

[그림 10] Gemini에서 제작해준 코드 복사하기

[그림 11] Gemini에서 제작해준 코드 붙여넣기

④ Code.gs(백엔드) 코드 붙여넣기

웹 앱의 핵심 로직과 스프레드시트 연동, 그리고 AI 호출을 담당하는 스크립트 코드를 추가합니다. 먼저, 왼쪽 파일 탐색기에서 Code.gs 파일을 엽니다. 기본으로 작성되어 있는 코드는 모두 삭제하고, Gemini에서 생성한 Code.gs 전체 코드를 복사하여 그대로 붙여넣습니다. 이렇게 하면 웹 앱이 데이터 처리와 AI 연동 기능을 수행할 수 있는 핵심 백엔드 구조가 완성됩니다.

⑤ 스크립트 저장하기

작성한 코드를 모두 Apps Script 프로젝트에 저장해야 합니다. 이를 위해 Apps Script 편집기 상단의 디스크 모양 아이콘(저장 버튼)을 클릭합니다. 이렇게 하면 Index.html과 Code.gs 두 파일의 내용이 프로젝트에 안전하게 저장됩니다. 저장을 완료해야 이후 웹 앱 배포나 테스트를 진행할 수 있습니다.

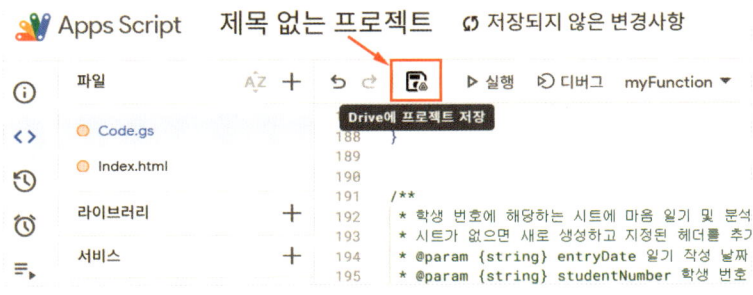

[그림 12] 스크립트 저장하기

⑥ 웹 앱으로 배포하기

작성한 코드를 이제 웹 앱 형태로 배포하여 학생들이 쉽게 접근할 수 있도록 합니다. 먼저 Apps Script 편집기 오른쪽 상단에서 배포 → 새 배포를 클릭합니다. 배포 유형에서 '웹 앱'을 선택합니다.

웹 앱으로 배포한다는 것은, 지금까지 작성한 스크립트를 인터넷 브라우저에서 바로 실행할 수 있는 웹페이지 형태로 공개하는 것을 의미합니다. 배포가 완료되면 특정 URL 주소가 생성되어, 학생과 교사가 그 주소를 통해 웹 앱에 접속할 수 있습니다.

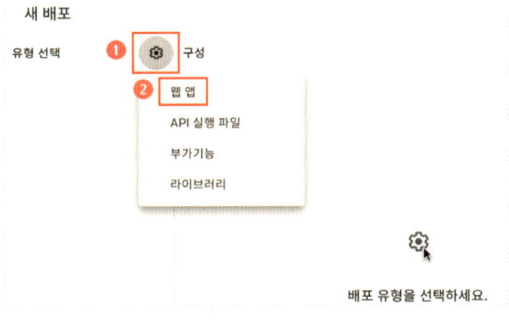

[그림 13] 배포 유형 선택하기

웹 앱 배포 유형을 선택하면 새로운 설정 창이 열립니다. 먼저 웹 앱에 대한 간단한 설명을 입력해, 나중에 여러 앱을 관리할 때 어떤 앱인지 쉽게 구분할 수 있도록 합니다.

그리고 앱에 대한 설명을 적을 수 있습니다. 원하는 앱의 이름을 적고, 다음으로 "다음 사용자 인증 정보로 실행" 항목에서는 나(자신의 Google 계정 이메일 주소)를 선택합니다. 이 설정은 앱 내부에서 스프레드시트 접근이나 AI 호출을 수행할 때, 해당 Google 계정을 통해 동작하도록 해줍니다.

마지막으로 액세스 권한을 설정합니다. 학생들이 로그인 없이 웹 앱을 사용하려면 '모든 사용자'를 선택해야 합니다. 이렇게 하면 학교 계정이 없는 외부 사용자도 접근할 수 있습니다. 모든 설정을 완료했다면 배포 버튼을 클릭하여 웹 앱을 공개합니다.

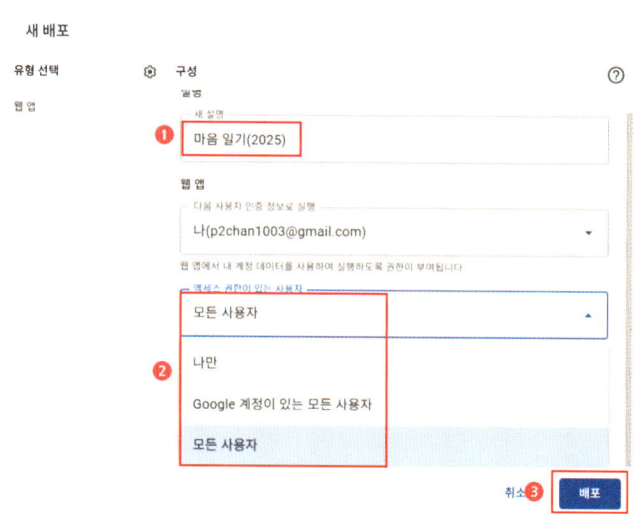

[그림 14] 마음 일기 앱 배포하기

⑦ 권한 승인

액세스 승인이라는 권한 승인 요청 팝업이 나타납니다. 이때 자신의 Google 계정을 선택합니다. 그리고 허용을 선택합니다.

앱을 처음 배포하면 액세스 권한을 요청하는 화면이 나타납니다. 먼저 '엑세스 승인' 버튼을 누르고, 사용할 Google 계정을 선택합니다. 이후 '고급(Advanced)'을 클릭한 뒤, 하단의 '(앱 이름)으로 이동(unsafe)' 링크를 눌러 실행을 허용하면 됩니다. 이 과정은 처음 한 번만 진행하면 되며, 이후에는 바로 앱을 사용할 수 있습니다.

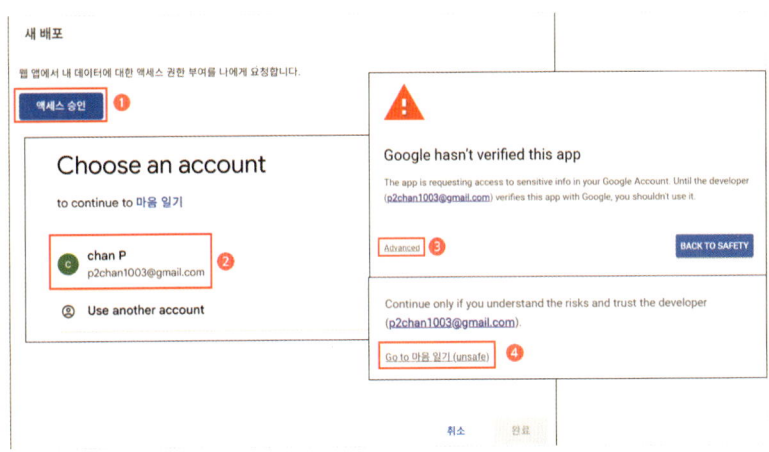

[그림 15] 엑세스 승인하기

앱 실행을 위한 액세스 권한 요청 화면이 나타나면 'Allow(허용)' 버튼을 클릭하여 승인합니다. 이후 표시되는 배포 URL 아래의 '복사' 버튼을 눌러 웹 앱 주소를 복사하고, '완료' 버튼을 클릭하면 모든 설정이 마무리됩니다. 배포가 완료되면 웹 앱 URL이 표시됩니다.

[그림 16] 배포 완료 및 웹 앱 공유

　웹 앱을 배포한 후에는 정상적으로 작동하는지 반드시 테스트해야 합니다. 실행 과정에서 문제가 발생하면, 오류 화면을 캡처하여 Gemini에게 전달하고 수정 방법을 요청합니다. Gemini가 수정된 코드를 일부만 제시한다면, 반드시 전체 코드 형태로 제공해 달라고 요청한 뒤 기존 코드를 완전히 교체하는 것이 안전합니다.

　코드를 수정한 후에는 단순 저장만으로는 배포된 웹 앱에 변화가 반영되지 않습니다. 변경된 내용을 적용하려면 '새 버전'으로 다시 배포해야 합니다. 이렇게 해야 학생과 교사가 접속하는 실제 웹 앱에서도 수정 사항이 반영됩니다.

4) 마음일기 앱 제작 요청서

가) 프롬프트

'마음 일기' 웹 앱 제작을 위해 초기에 Gemini에 요청하였던 프롬프트는 다음과 같습니다. 프롬프트를 요청하면 Gemini가 프론트엔드와 백엔드로 구분해서 코드를 작성해 줍니다.

> 학생들이 자신의 감정을 기록하는 '마음 일기' 웹 앱을 제작해 줘. Google Apps Script로 프론트엔드와 백엔드로 구분해서 코드를 작성해 줘. 프론트엔드 화면에는 학생 번호 드롭다운, 이름 입력칸, 20가지 감정 이모티콘 버튼, 일기장, 제출 버튼을 만들어줘. 일기를 제출하면, 학생에게는 따뜻한 선생님 말투의 AI 피드백을 타이핑 효과가 있는 팝업으로 보여줘. 백엔드에서는 Gemini API를 연동해서, 교사가 볼 수 있도록 학생의 '주요 감정 키워드, 감정 패턴, 잠재적 문제, 교사 제안'을 분석해 줘. 이 모든 내용은 학생 번호에 맞는 시트에 자동으로 저장하고, 시트가 없으면 새로 생성해 줘.

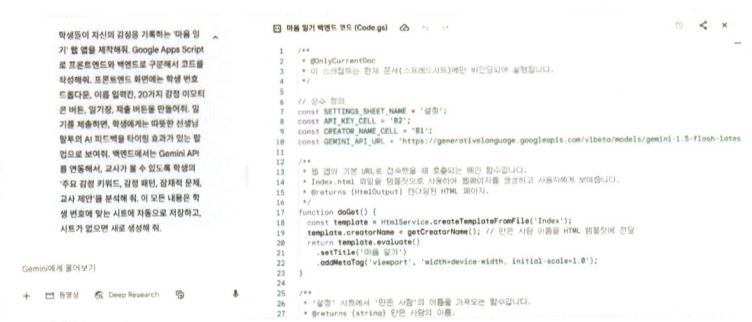

[그림 17] 코드 작성 프롬프트 입력 모습

완성도를 높이는 추천 프롬프트

◆ 프론트엔드 요구사항

① UI 구성 요소
- 학생 정보: 번호(드롭다운 메뉴), 이름(텍스트 입력)
- 감정 선택: 20가지 감정을 이모티콘 버튼 형태로 제공
- 일기 작성: 자유로운 텍스트 입력 영역
- 제출: '제출하기' 기능 버튼
- 하단 표시: '만든 사람' 정보 표시(스프레드시트 '설정' 시트 B1셀 값 연동)

② 사용자 경험(UX) 기능
- AI 피드백: 일기 제출 후 팝업 창으로 AI가 생성한 메시지 표시
- 타이핑 효과: 팝업 창의 피드백 메시지에 타이핑 애니메이션 적용

◆ 백엔드 요구사항
- 스프레드시트 연동: 스크립트가 연결된 활성 스프레드시트 자동 인식
- 개별 시트 관리: 학생 번호별로 시트를 자동 생성하여 일기 데이터 누적 저장
- 데이터 구조: 각 시트에 '날짜', '학생 번호', '학생 이름', 'AI 분석 및 교사 이해 내용' 헤더 생성
- '설정' 시트: 제작자 이름(B1), Gemini API 키(B2) 관리
- AI가 학생용 피드백 생성: 친절하고 공감하는 선생님 말투
- 500자 이내의 위로와 격려 메시지
- 교사용 분석 보고서 생성:
- 학생 일기 내용 분석 포함 항목: 주요 감정 키워드, 감정 패턴, 잠재적 문제점, 교사 대응 제안

나) 앱 제작 결과

AI가 생성하는 코드는 동일한 요청에도 매번 조금씩 다른 결과물을 내놓을 수 있습니다. 따라서 처음 제작된 앱의 사용자 인터페이스(UI)나 세

부적인 기능이 예시와 다를 수 있습니다. 원하는 결과에 가장 가깝게 다듬기 위해서는, 실행 후 결과를 확인하고 필요한 부분을 구체적으로 알려주시면 지속적인 수정과 개선을 통해 완성도를 높여갈 수 있습니다.

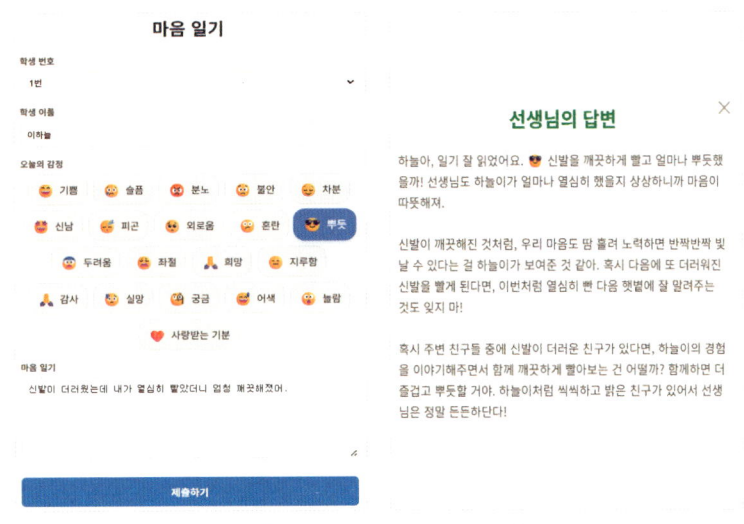

[그림 18] 새로 제작한 마음 일기 앱 실행화면

3. 마음 일기 앱 공유하기

마음 일기 앱을 처음부터 새로 만들지 않고, 이미 제작된 앱을 복사해서 우리 반에서 사용하는 방법을 안내하겠습니다. 이 앱을 자신의 학급에서 활용하려면, 공유된 스프레드시트를 본인의 Google 드라이브에 사본을 만들어서 가져와서 사용하면 됩니다.

1) 마음 일기 웹 앱 사본 만들기

먼저, 배포된 마음 일기 Google 스프레드시트를 엽니다.
- 학생 30명 이하: bit.ly/mind-30
- 학생 40명 이하: bit.ly/mind-40

이 스프레드시트는 보기 전용으로 설정되어 있어 직접 수정할 수 없으므로, 사본을 생성해야 합니다. Google 스프레드시트 메뉴에서 파일 → 사본 만들기를 선택한 뒤, 원하는 이름으로 변경합니다. 또한, 스프레드시트를 저장할 폴더를 지정하고 싶다면 사본 만들기 창에서 폴더를 선택해 변경할 수 있습니다.

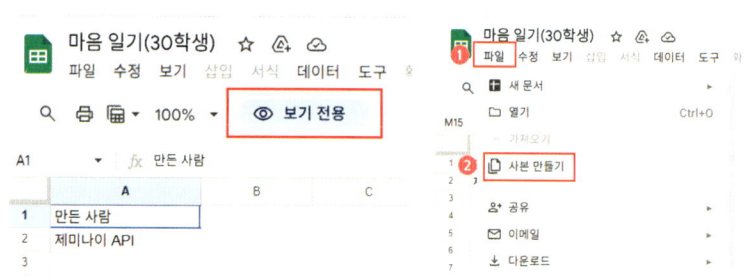

[그림 19] 스프레드시트 사본 만들기

2) Gemini API 연동하여 배포하기

이 마음 일기 앱은 학생이 작성한 감정 일기에 대해, Google의 생성형 인공지능 Gemini API를 연동하여 따뜻한 공감과 위로, 간단한 조언이 담긴 AI 피드백을 자동으로 제공합니다. Gemini API는 사용자의 글을 이해하고 자연스러운 문장을 생성하는 최신 AI 기술입니다. 학생들은 이 기능을 통해 자신의 감정을 되돌아보고 표현하는 과정에서 더 큰 흥미와 만족을 느낄 수 있습니다. 이 기능을 사용하시려면, 먼저 Google AI Studio에서 Gemini API 키를 발급받아야 합니다.

① Google AI Studio에 접속하여 API 키 발급받기

Google AI Studio(https://aistudio.google.com/)에 접속하여 Google 계정으로 로그인합니다. 이때, G Suite for Education(Google Workspace for Education) 계정으로 Gemini API를 발급받지 못할 수 있습니다. 개인 Google 계정(예: @gmail.com)으로 로그인하면 Gemini API 키를 문제없이 발급받을 수 있습니다.

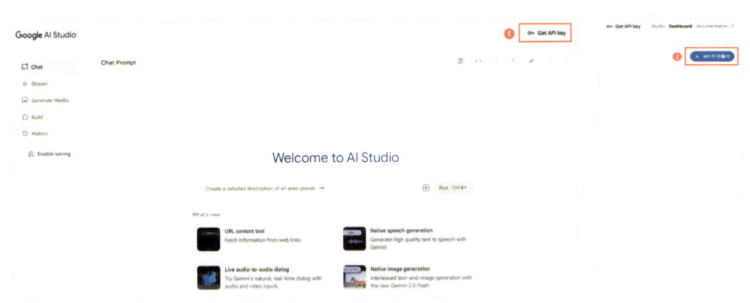

[그림 20] Google AI Studio에서 접속하여 API 발급하기

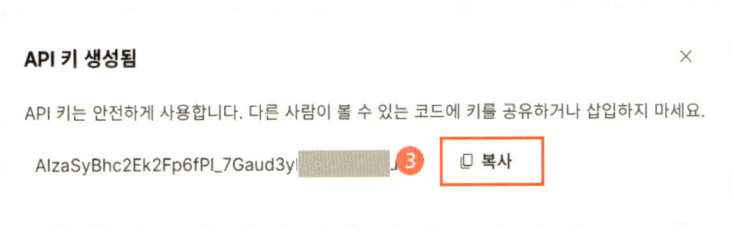

[그림 21] API 복사하기

② Gemini API 연동하기

Gemini API를 코딩이 적용된 Google 스프레드시트에 연결해야 AI 피드백 기능을 사용할 수 있습니다. 연결이 완료되면, 학생이 일기를 작성할 때마다 생성형 AI가 자동으로 피드백을 생성해 스프레드시트에 기록하게 됩니다.

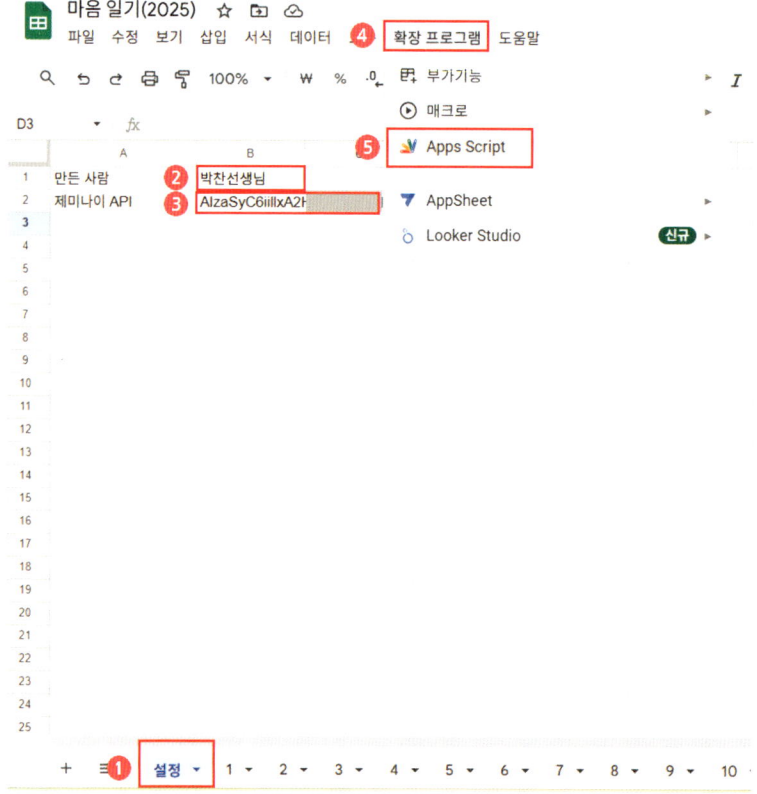

[그림 22] API키 입력하기

사본으로 가져온 스프레드시트의 '설정' 시트로 이동하여, B1 셀에는 선생님의 성함, B2 셀에는 발급받은 Gemini API 키를 입력합니다.

입력을 마친 후, 상단 메뉴의 '확장 프로그램'에서 'Apps Script'를 클릭하여 Apps Script 편집기로 이동합니다.

③ 우리 반 마음 일기 앱 배포하기

Apps Script 편집기를 열면, 이미 필요한 코드가 입력되어 있는 것을 확인할 수 있습니다. 이제 우측 상단의 '배포' 버튼을 클릭한 뒤, '새 배포'를 선택합니다.

새 배포 창이 열리면 설명란에는 "마음 일기(2025)"와 같이 프로젝트 이름을 입력합니다. 접근 권한 설정을 '모든 사용자'를 선택하는 것이 좋습니다. 마지막으로 '배포' 버튼을 클릭합니다.

[그림 23] 배포 버튼 클릭하기

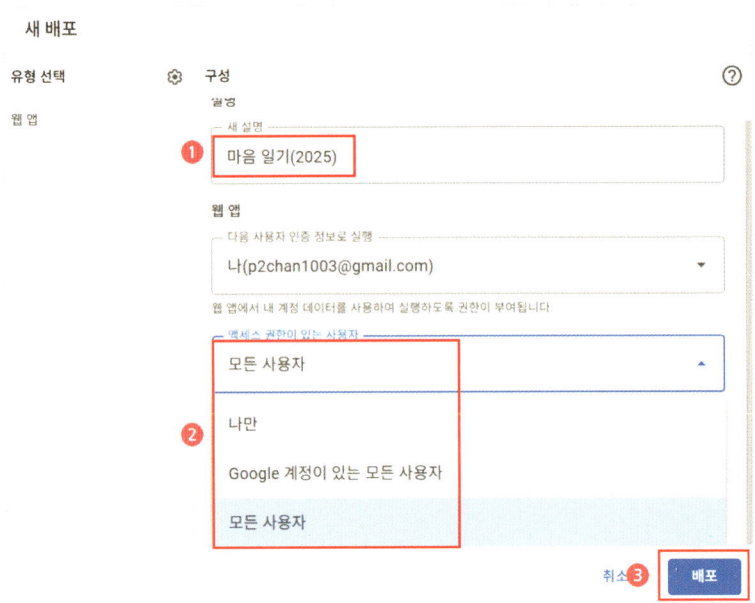

[그림 24] 마음 일기 앱 배포하기

4. 마음 일기 앱 활용하기

학생들이 사용할 때 몇 가지 활용팁이 있습니다.

① 솔직한 표현 유도: 학생들에게 '잘 써야 한다.'는 부담보다는 솔직하게 쓰는 것이 더 중요함을 강조합니다.

② 개인 정보 보호 및 익명성 보장: 학생들이 안심하고 자신의 감정을 표현할 수 있도록, 작성된 일기는 학생 본인과 교사만 확인할 수 있다는 점을 안내합니다.

③ AI 피드백 활용: AI 피드백을 받은 후, 어떤 점에서 위로를 받았는지 간단히 말하거나 적어보도록 유도하면, 학생의 자기 인식이 더욱 깊어질 수 있습니다.

AI 기반 분석 결과는 단순히 단기적인 개입에 그치지 않고, 시간 흐름에 따른 정서 발달 경향을 추적할 수 있는 데이터로 축적됩니다. 교사는 이를 통해 학생의 정서 변화와 감정 관리 능력의 성장 여부를 확인하고, 상담이나 생활지도 시 참고 자료로 활용할 수 있습니다.

또한, AI 피드백은 평가나 비교가 아닌 공감 중심의 메시지로 제공됩니다. 덕분에 학생은 감정을 솔직하게 표현할 수 있는 심리적 안전감을 느끼며, 감정을 억누르지 않고 건강하게 다루는 태도를 익힐 수 있습니다. 이 과정에서 감정 표현 자체가 긍정적인 경험으로 자리 잡게 됩니다.

결과적으로, 이 앱은 사회정서학습(SEL) 측면에서 학생이 자신의 감정을 객관적으로 인식하고 건강하게 다루는 능력을 기르는 데 도움을 주며, 교사에게는 더 깊이 있고 지속적인 정서적 지도를 실현할 수 있는 기반을 제공합니다.

Apps Script

토론 수업 도우미

　AI가 빠르게 발전할수록, 인간 고유의 소통 능력과 창의적 사고가 더욱 중요해지면서 토론 수업에 대한 관심도 높아지고 있습니다. 스스로 생각하고, 의견을 나누며, 자신의 생각을 표현하는 능력은 기계가 대체할 수 없는 핵심 역량입니다. 이에 따라 많은 교사들이 더 깊이 있는 배움을 위해 토론 수업을 도입하고 있습니다.

　하지만 현실은 녹록하지 않습니다. "다음 주제로 토론해보자"라고 하면 어디서부터 자료를 찾아야 할지 막막해하는 학생들, 충분한 근거 없이 감정적으로만 반응하거나 혹은 아예 입을 다물어버리는 학생들을 쉽게 볼 수 있습니다. 한정된 시간 안에 모든 학생에게 개별 맞춤형 자료 준비 지도를 제공하기는 사실상 어렵습니다.

　'토론 수업 도우미' 웹 앱의 진정한 가치는 선생님들이 토론 교육의 본질에 집중할 수 있도록 돕는 데 있습니다. 학생들이 자료 준비에 허둥대는 시간을 줄이고, 교사는 수업의 핵심 목표에 더 많은 시간과 에너지를 투자할 수 있게 됩니다.

　토론 교육의 필요성을 알면서도 실제 수업에 적용하기 어려움을 겪었던 교실에서, 이 도구는 새로운 가능성을 열어 줄 것입니다. 학생들은 탄탄한 근거를 바탕으로 열띤 토론을 펼치고, 교사는 학생들의 사고력을 한 단계 더 끌어올리는 변화를 경험하게 될 것입니다.

1. 토론 수업 도우미의 특징

1) 토론 수업 도우미 웹 앱: 교실에 찾아온 작은 혁신

토론 수업을 진행하면서 가장 아쉬웠던 순간은 언제였나요? 아마도 학생들이 "선생님, 저는 찬성인데 왜 찬성하는지 말하기가 어려워요"라고 말할 때가 아니었을까 싶습니다. 토론은 분명 중요한 교육 활동이자 학생들의 사고력 신장에 필수적인 수업이지만, 실제 교실에서는 준비 부족으로 인해 깊이 있는 토론으로 발전하지 못하는 경우가 많습니다.

이 웹 앱은 Google Apps Script 기반 웹 기술과 생성형 AI인 Gemini를 결합하여 개발되었습니다. 학생이 토론 주제와 자기 입장만 입력하면, 앱은 즉시 3가지 핵심 근거, 구체적인 설명, 관련 사례를 제공합니다. 마치 학생 한 명 한 명에게 토론 도우미를 붙여주는 것과 같습니다.

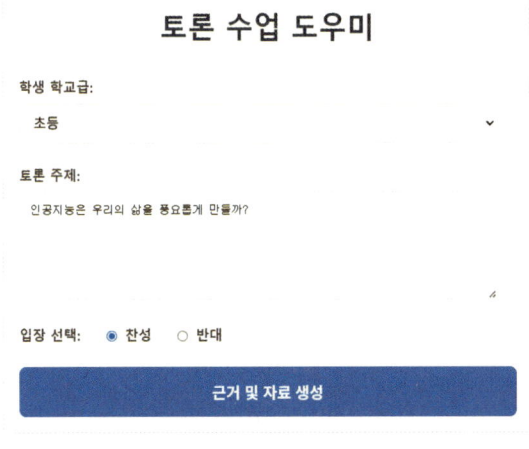

[그림 1] 토론 수업 도우미 웹 앱 입력 화면

2) 학생 개개인이 토론의 주인공이 되는 경험

토론 수업은 학생들의 사고력과 표현력을 기를 수 있는 효과적인 교육 방법이지만, 실제 교실에서 구현하기는 쉽지 않습니다. "토론은 특별한 학생들만 하는 활동"이라는 인식이나, 수업 준비에 대한 부담감 때문에 시도하기조차 어려운 경우가 많습니다.

그러나 토론 수업 도우미 웹 앱은 이러한 장벽을 낮춰줍니다. 교사는 복잡한 사전 준비 없이도 토론 수업을 운영할 수 있고, 학생들은 누구나 준비된 상태로 토론에 참여할 수 있습니다.

특히 평소 소극적이던 학생들도 AI가 제공하는 명확한 논거와 근거를 바탕으로 자신 있게 발언할 수 있게 됩니다.

이제는 소수의 적극적인 학생들이 토론을 주도하는 것이 아니라, 교실 전체가 함께 참여하는 토론 수업이 가능해집니다. 학생들은 단순히 '찬성'이나 '반대'의 입장을 외치는 데 그치지 않고, '왜 그렇게 생각하는지'에 대한 구체적인 이유를 가지고 자신의 의견을 전개합니다. 이 경험은 곧 진정한 논리적 사고 훈련으로 이어집니다.

3) 학교급별 맞춤형 자료 생성

초등학생에게는 친근하고 쉬운 말로 주제를 소개합니다. 어려운 용어 대신 일상적인 상황을 예시로 들고, 간단한 질문과 짧은 문장으로 학생들의 생각을 이끌어냅니다. 이렇게 하면 '토론'이라는 단어가 부담스럽지 않게 느껴지고, 소극적인 아이들도 자연스럽게 자기 생각을 표현할 수 있게 됩니다.

인공지능은 우리의 삶을 풍요롭게 만들까?에 대한 찬성 입장 근거 및 자료

근거 1: 인공지능은 우리 생활을 편리하게 만들어줘요!
자료:
인공지능은 마치 우리의 똑똑한 친구 같아요! 예를 들어, 우리가 숙제할 때 힘든 부분이 있으면 인공지능이 도와줄 수 있어요. 인공지능 선생님 앱을 사용하면 어려운 문제를 쉽게 이해할 수 있도록 설명해주고, 퀴즈를 함께 재미있게 공부할 수도 있답니다. 또, 인공지능 로봇 청소기는 우리 집을 깨끗하게 청소해주고, 인공지능 스피커는 우리가 음악을 듣거나 이야기를 나누고 싶을 때 언제든지 곁에서 도와줘요. 이렇게 인공지능은 우리의 귀찮은 일들을 척척 해결해주어서 시간을 절약하고 더 재미있는 일을 할 수 있도록 도와줘요!

근거 2: 인공지능은 새로운 것을 배우고 만들도록 도와줘요!
자료:
인공지능은 새로운 것을 배우는 데 정말 유용해요! 예를 들어, 인공지능 그림 그리기 프로그램을 사용하면 내가 상상하는 그림을 쉽게 만들 수 있어요. 단순히 색칠만 하는 것이 아니라 내가 원하는 그림체나 스타일로 그림을 만들 수 있답니다. 또, 인공지능 번역기를 사용하면 다른 나라 친구들과 편지도 주고받을 수 있고, 다른 나라의 재미있는 이야기나 영화도 볼 수 있어요. 인공지능은 새로운 지식과 경험을 얻는 데 큰 도움을 주어 우리의 꿈을 펼치는 데 큰 도움을 준답니다.

근거 3: 인공지능은 세상을 더 안전하고 건강하게 만들어줘요!
자료:
인공지능은 위험한 일을 막고 우리를 안전하게 지켜줘요! 예를 들어, 인공지능 CCTV는 범죄를 예방하고 잡는 데 도움을 주고, 인공지능 자동차는 사고를 줄여 안전하게 운전하는 데 도움을 줘요. 또한 인공지능은 병을 진단하고 치료하는 데에도 사용될 수 있어요. 의사 선생님들이 더 정확하게 병을 진단하고 치료 방법을 찾는 데 도움을 주어 더 건강한 삶을 살 수 있도록 돕는답니다. 이처럼 인공지능은 우리의 안전과 건강을 지켜주는 든든한 친구와 같아요.

인공지능은 우리의 삶을 풍요롭게 만들까?에 대한 반대 입장 근거 및 자료

근거 1: 인공지능의 발전으로 인한 일자리 감소 및 사회적 불평등 심화
인공지능은 자동화를 통해 생산성을 높일 수 있지만, 동시에 많은 일자리를 대체할 위험이 있습니다. 예를 들어, 제조업 분야에서는 로봇과 자동화 시스템이 인간 노동자를 대체하며, 자율주행 트럭의 발달은 운송업계의 일자리 감소를 야기할 수 있습니다. 이러한 일자리 감소는 특히 저숙련 노동자들에게 큰 타격을 주어 사회적 불평등을 심화시킬 수 있습니다. 게다가, 인공지능 관련 기술 개발 및 관리 분야의 고숙련 인력 수요는 증가하지만, 이러한 분야에 진입하기 위한 교육 및 기술 격차는 더욱 벌어질 가능성이 높습니다. 결국, 인공지능 기술이 가져오는 경제적 이득이 사회 전체에 골고루 분배되지 않고 소수에게 집중될 가능성이 높아져 사회적 갈등을 유발할 수 있습니다. 이는 2013년 옥스퍼드대학의 칼 프레이와 마이클 오스본 교수가 발표한 '고용의 미래' 보고서에서도 예측되었던 바와 같습니다. 보고서는 미국 내 일자리의 47%가 자동화 위험에 처해있다고 분석했습니다. 이러한 현상은 단순히 일자리의 양적 감소뿐 아니라, 사회적 계층 이동의 정체 및 불균형을 초래하여 사회적 불안정을 야기할 수 있다는 점을 강조해야 합니다.

근거 2: 인공지능의 오작동 및 편향으로 인한 부정적 결과 발생 가능성
자료:
인공지능 시스템은 방대한 데이터를 기반으로 학습하기 때문에, 데이터 자체에 존재하는 편향이 알고리즘에 반영될 수 있습니다. 예를 들어, 얼굴 인식 시스템이 특정 인종이나 성별에 대해 정확도가 떨어지는 현상이 보고된 바 있습니다. 이는 사회적 차별을 강화하고 불공정한 결과를 초래할 수 있습니다. 또한, 자율주행 자동차의 사고 발생 시 책임 소재를 명확히 규정하기 어려운 문제가 있습니다. 인공지능의 복잡성으로 인해 오작동의 원인을 파악하기 어렵고, 예측 불가능한 결과가 발생할 수 있으며, 이는 심각한 사회적 손실을 야기할 수 있습니다. 2018년 우버의 자율주행차 사고는 인공지능 시스템의 한계와 예측 불가능성을 보여주는 대표적인 사례입니다. 이러한 오류는 단순한 기술적 결함을 넘어, 사회적 신뢰를 저해하고 인공지능 기술에 대한 거부감을 증폭시킬 수 있다는 점을 고려해야 합니다.

근거 3: 인공지능 기술의 윤리적 문제 및 프라이버시 침해 우려
자료:
인공지능 기술은 개인의 프라이버시를 침해할 가능성이 높습니다. 예를 들어, 안면 인식 기술이나 위치 정보 추적 기술은 개인의 동선과 행동을 감시하는 데 사용될 수 있으며, 이는 개인의 자유와 권리를 침해할 수 있습니다. 또한, 인공지능을 활용한 감시 시스템은 개인의 자유로운 의사 표현을 제한하거나, 정치적 탄압 수단으로 악용될 가능성이 있습니다. 중국에서 활용되는 사회 신용 시스템은 인공지능 감시 기술의 위험성을 보여주는 대표적인 예입니다. 인공지능 기술 개발 및 활용 과정에서 발생할 수 있는 다양한 윤리적 문제에 대한 고려 없이 기술 개발만 추진한다면, 기술의 혜택보다 부작용이 더 클 수 있다는 점을 유념해야 합니다. 따라서, 기술 발전과 함께 윤리적 문제에 대한 심도 있는 논의와 규제가 동시에 이루어져야 합니다.

[그림 2] 토론 주제에 대한 초등 찬성 및 고등 반대 근거 생성 화면

  중학생에게는 논리적인 구조와 양측 입장을 명확히 제시합니다. 각 입장에 대한 근거와 반론이 균형 있게 제공되어, 자기 생각을 논리적으로 정리하고 표현하는 연습을 할 수 있습니다. 또래 친구들의 다양한 입장을 듣고 스스로 반응해 보는 경험은 사고력과 표현력을 함께 길러줍니다.

고등학생에게는 심화된 정보와 다각도의 시각을 제공해, 더 깊이 있는 토론이 가능하도록 돕습니다. 사회적, 윤리적, 통계적 맥락까지 아우르는 자료는 학생들이 단순한 찬반을 넘어 자신만의 관점을 정리하고 논리적으로 설득하는 힘을 기릅니다.

2. 토론 도우미 앱 제작하기

1) 토론 도우미 앱 제작 요청서

학생들이 토론 수업을 효과적으로 준비하고 참여할 수 있도록 지원하는 '토론 도우미' 웹 앱을 만들어줘. Google Apps Script로 프론트엔드와 백엔드로 구분해서 코드를 작성해 줘. 프론트엔드에는 '초등', '중등', '고등' 학교급 드롭다운, 토론 주제 입력창, '찬성'/'반대' 라디오 버튼을 구현해 줘. '자료 생성' 버튼을 클릭하면, 백엔드에서 '설정' 시트의 API 키를 이용해 Gemini API를 호출해 줘. AI는 선택된 학교급에 맞춰, 주장을 뒷받침하는 구체적인 설명과 사례를 포함한 3가지 핵심 근거를 생성해야 해. 초등학생에겐 쉽고 친근하게, 고등학생에겐 심층적인 내용을 제공해 줘. 결과는 'OOO에 대한 찬성 입장 근거'처럼 동적 제목을 가진 팝업창으로 깔끔하게 보여줘.

[그림 3] 앱 제작을 위한 프롬프트 입력 모습

완성도를 높이는 추천 프롬프트

◆ 프론트엔드(사용자 화면)

① UI 구성 요소
- 학교급 선택: 초등, 중등, 고등 드롭다운
- 토론 주제 입력 필드
- 입장 선택: 찬성 및 반대 선택하는 라디오 버튼
- 자료 생성 버튼

② 사용자 경험(UX) 기능
- 결과 표시: AI가 생성한 근거 및 자료를 보여주는 팝업 창
- 하단 표시: '만든 사람' 정보(스프레드시트 '설정' 시트 B1셀 값 연동)
- 동적 제목: 팝업 창 제목을 "OOO 주제에 대한 OOO 입장 근거" 형태로 자동 생성
- 콘텐츠 구분: 팝업 내부에 생성된 근거와 자료를 명확하게 구분하여 표시

◆ 백엔드(서버 및 데이터 처리)

① 설정 시트 및 AI 연동
- '설정' 시트: 제작자 이름(B1), Gemini API 키(B2) 관리
- AI 역할: 사용자가 입력한 학교급, 토론 주제, 선택한 입장 데이터를 받아, 이에 맞는 논리적인 근거와 풍부한 뒷받침 자료를 AI가 생성

② AI 생성 콘텐츠
- 찬성 또는 반대 선택 입장을 뒷받침하는 핵심 근거 3가지 생성
- 각 근거에 구체적인 설명과 실제 사례 포함
- 학교급(초등/중등/고등) 눈높이에 맞는 어휘와 문체 사용

2) 웹 앱 최초 배포 및 실행 가이드

Gemini에서 제작한 프론트엔드(Index.html) 및 백엔드(Code.gs) 코드를 Google Apps Script 환경에 설정하고 웹 앱으로 배포합니다.

3. 토론 도우미 앱 공유하기

토론 도우미 앱을 새로 제작할 필요 없이, 이미 만들어진 우리 반 앱을 그대로 가져와 활용할 수 있습니다. 이를 학급에서 사용하려면, 원본 스프레드시트를 본인의 구글 드라이브로 복사하면 됩니다.

1) 토론 도우미 웹 앱 사본 만들기

먼저, 토론 도우미 Google 스프레드시트를 엽니다.(bit.ly/토론도우미)

파일이 보기 전용으로 설정되어 있어 직접 수정할 수 없으므로, 사본을 생성합니다.

2) Gemini API 연동하여 배포하기

Gemini API 키를 '설정'시트의 B2셀에 붙여 넣습니다.

Apps Script 편집기를 실행하고 우측 상단의 '배포' 버튼을 클릭한 뒤, '새 배포'를 선택합니다. 배포 절차는 마음 일기 챕터를 참고해 주세요.

4. 토론 도우미 앱 활용하기

학생들과 토론 도우미 앱을 사용할 때 몇 가지 활용팁이 있습니다.

① 수업에서 다룰 토론 주제를 미리 선정하고 학생들에게 안내합니다. 앱을 통해 어떤 종류의 자료를 얻을 수 있는지 설명합니다.

② 학생들이 앱을 통해 자료를 생성하기 전에, 주제에 대해 스스로 간단하게 생각해보는 시간을 주어 비판적 사고의 기반을 마련할 수 있도록 유도하는 것이 좋습니다.

③ 앱의 URL을 학생들에게 공유하고, 학교급 선택, 주제 입력, 입장 선택, 자료 생성 버튼 클릭 등 기본적인 사용 방법을 시연해 주세요.

④ AI가 생성하는 자료는 참고 자료이며, 맹목적으로 수용하기보다는 비판적으로 검토하고 자신의 언어로 재구성하는 것이 중요하다는 점을 강조합니다. "이 근거는 정말 타당할까?", "이 사례가 우리 토론 주제에 가장 적합할까?", "다른 관점에서는 어떻게 반박할 수 있을까?"와 같은 질문을 던지며 비판적 사고를 촉진합니다.

⑤ 학생들에게 각자 또는 모둠별로 앱에 토론 주제와 입장을 입력하여 근거와 자료를 생성하도록 합니다. 이때, 다양한 학교급을 선택하여 자료의 난이도 변화를 경험하게 하거나, 같은 주제에 대해 찬성과 반대 입장을 모두 생성하여 다각적인 관점을 탐색하게 하는 활동도 효과적입니다.

토론 수업에서 가장 중요한 것은 학생들이 스스로 생각하고 표현하는 능력을 기르는 것입니다. 토론 수업 도우미 웹 앱은 그 과정에서 마주하는 현실적인 어려움을 해결해주는 든든한 동반자가 될 것입니다. 학생들은 충분한 준비를 바탕으로 자신감 있게 토론에 참여하고, 선생님들은 진정한 교육의 본질인 사고력 신장과 인성 지도에 집중할 수 있게 됩니다. 기술과 교육이 조화롭게 만나 교실 안에서 더 풍요로운 배움이 일어나는 그 날을 기대해봅니다.

`Apps Script`

고민 상담소

오늘날 교육 현장에서는 학생들의 정신 건강과 정서적 안정에 대한 관심이 크게 높아지고 있습니다. 학업 스트레스, 교우 관계, 진로 고민, 가정 문제 등 학생들이 겪는 다양한 어려움은 학습은 물론 건강한 성장에도 직접적인 영향을 미칩니다. 교실에서 유독 말없이 지내는 아이, 성적이 갑자기 떨어진 아이, 친구들과 어울리지 못하는 아이들을 보며, 많은 교사는 저 아이에게 '무슨 일이 있을까?' 하는 마음으로 학생들의 내면에 귀 기울이기 위해 노력하고 있습니다."

하지만 교실 현실은 그리 만만하지 않습니다. 담당하는 학생 수가 많고, 수업 준비와 업무에 쫓기다 보면 개별 학생과 깊이 있는 대화를 나누기가 쉽지 않습니다. "선생님과 상담하고 싶어요"라고 먼저 다가오는 학생은 많지 않고, 설령 상담 시간을 마련한다 해도 쉬는 시간 10분, 점심시간의 짧은 순간들로는 학생의 진짜 속마음까지 들여다보기 어렵습니다. 더욱이 상담실이나 교무실이라는 공간 자체가 학생들에게는 '뭔가 문제가 있어서 가는 곳'이라는 부담감을 주기 마련입니다. 특히 내성적인 학생들이나 또래 관계에서 소외감을 느끼는 학생들은 직접적인 대면 상담 자체를 어려워하며, 결국 고민을 혼자 끌어안고 살아가게 됩니다.

'고민상담소' 웹 앱은 이러한 현실적 제약을 넘어서는 혁신적인 접근입니다. 학생들은 집에서, 쉬는 시간에, 심지어 밤늦은 시간에도 부담 없이 자신의 고민을 털어놓을 수 있습니다. AI와의 상담을 통해 즉각적인 공감과 조언을 받으며, 스스로 생각을 정리해 나가는 과정에서 문제 해결의 실마리를 찾을 수 있습니다. 더 나아가 교사는 학생의 상담 내용을 통해 '아, 이 아이가 이런 고민을 하고 있었구나'를 알게 되고, 일상에서 자연스럽게 그 학생에게 맞는 관심과 배려를 기울일 수 있게 됩니다.

바쁜 일상 속에서도 학생 한 명 한 명을 놓치고 싶지 않은 교사들에게, 이 도구는 새로운 가능성을 열어 줄 것입니다. 학생들은 마음의 문턱을 낮춰 자신의 속마음을 표현하며 정서적 안정을 찾고, 교사는 평소 파악하기 어려웠던 학생 개개인의 내면을 더 깊이 이해하여 진정한 전인적 교육을 실현하는 변화를 경험하게 될 것입니다.

1. 고민 상담소의 특징

1) 24시간 열린 마음의 안전기지

"'선생님, 저 괜찮아요.'라는 말 뒤에 숨겨진 학생의 진짜 마음을 놓친 적은 없으신가요? 바쁜 일상에서 모든 학생과 깊이 있는 대화를 나누기도 어렵고, 상담실에 가는 것조차 부담스러워하는 학생을 보며 안타까움을 느끼셨을 것입니다."

고민 상담소는 Google Apps Script와 생성형 AI Gemini를 활용해 개발된 웹 앱으로, 학생들이 언제든지 접근할 수 있는 디지털 상담 공간입니다. 학생은 단지 자신의 이름만 입력하면 즉시 따뜻한 응답을 받을 수 있고, 새벽이든 주말이든 상관없이 마음 속 이야기를 털어놓을 수 있습니다. 이는 모든 학생에게 개인 맞춤형 상담사를 배정해주는 것과 같은 혁신적 경험을 제공합니다.

2) 말하기 어려운 마음도 편안하게

평소 말수가 적거나 내성적인 학생들, 또래 관계에서 어려움을 겪는 학생들에게 직접 상담을 권유하기는 쉽지 않습니다. 하지만 AI 상담은 다릅니다. 누구의 시선도 의식하지 않고, 자신의 속도에 맞춰 마음을 열어갈 수 있기 때문입니다.

특히 감정 표현이 서툴거나 자신의 고민을 언어로 정리하는 데 어려움을 겪는 학생들도 AI와의 대화를 통해 점차 자신의 감정을 명확히 인식하고 표현하는 법을 배워갑니다. 이 과정에서 '내 감정도 소중하고, 이야기할 가치가 있구나'라는 긍정적 자아상을 형성하게 됩니다.

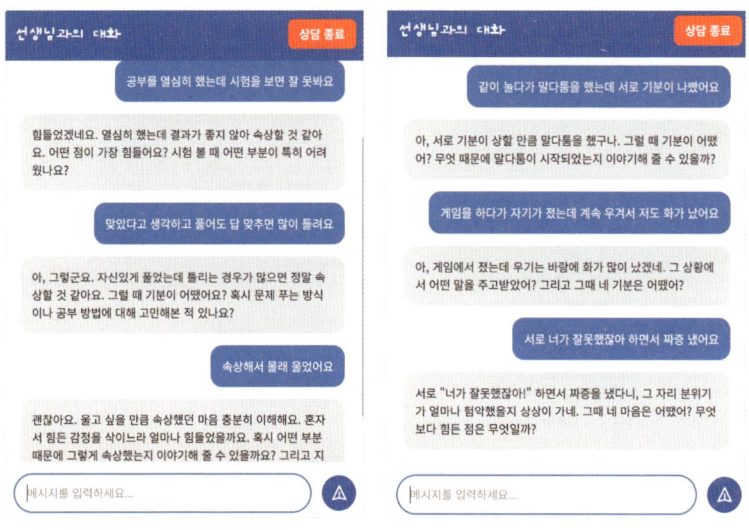

[그림 1] 고민 상담소 앱으로 상담하기

3) 교사를 위한 학생 이해의 창

가장 중요한 특징은 상담 내용이 Google 스프레드시트의 개별 학생 시트에 자동 저장된다는 점입니다. 교사는 평소 파악하기 어려웠던 학생들의 내면을 들여다볼 수 있고, AI가 제공하는 '교사 대응 제안'을 통해 각 학생에게 필요한 구체적인 지원 방안을 얻을 수 있습니다.

이제 교실에서 조용히 앉아있는 학생이 단순히 조용한 성향인지, 실제로 어떤 고민을 안고 있는 것인지 알 수 있게 됩니다. 고민 상담소는 모든 학생의 마음 건강을 세심하게 돌보고 싶은 교사들의 든든한 파트너가 되어줄 것입니다.

날짜	학생 이름	상담내용	교사 대응 제안
2025. 6. 3.	김지호	학생은 열심히 공부하지만 시험 성적이 좋지 않아 고민하고 있다. 특히 수학 과목이 어렵고, 문제집을 풀지만 답을 맞추는데 어려움을 느끼며 틀린 문제에 대한 해결 방안이나 오답 노트 활용 등이 부족하다. 시험에서 틀린 문제를 풀었음에도 불구하고 답이 틀려 속상함을 느끼고 울기도 했다.	1. 학생의 수학 학습 과정에 대한 구체적인 이해: 수학 학습 과정에서 어려움을 겪는 특정 영역이나 유형을 파악하고, 학생이 문제 풀이 과정에서 어떤 전략을 사용하는지, 어떤 부분에서 오류가 발생하는지 자세히 질문하여 분석한다. 2. 오답 노트 활용 및 피드백 제공: 틀린 문제에 대한 오답 노트 작성을 지도하고, 틀린 문제에 대한 꼼꼼한 피드백을 제공한다. 단순히 정답만 제시하는 것이 아니라, 학생의 오류 원인을 분석하고 개선 방안을 제시하여 학습 전략을 개선하도록 돕는다. 3. 다양한 학습 방법 제시 및 상담: 문제집 풀이 외에 개념 설명 영상 시청, 수학 관련 학습 사이트 활용, 친구 또는 학습 그룹과 함께 문제 풀이 및 설명하기 등 다양한 학습 방법을 제안하고, 학생에게 맞는 학습 방식을 찾도록 돕는다. 또한, 학습에 대한 동기 부여 및 자존감 향상을 위한 상담을 병행한다. 4. 학부모와의 소통 및 협력: 학생의 학습 상황 및 어려움을 학부모와 공유하고, 가정에서의 학습 환경 조성 및 지원 방안에 대해 논의한다. 학부모의 협조를 구하여 학생의 학습을 체계적으로 관리하고 지원한다. 5. 학습 계획 및 목표 설정 지원: 학생과 함께 단기 및 장기적인 학습 계획을 수립하고, 달성 가능한 목표를 설정하여 학습 동기를 유지하고 성취감을 느낄 수 있도록 돕는다. 정기적인 학습 점검을 통해 계획을 수정하고 보완한다.

날짜	학생 이름	상담내용	교사 대응 제안
2025. 7. 2	박인영	학생은 친구와 게임을 하다가 말다툼을 했고, 서로 잘못을 인정하지 않아 화해하지 못해 힘들어하는 상황이다. 친구와 다시 화해하고 싶지만 용기가 나지 않고, 어떤 말을 해야 할지 고민하고 있다.	1.학생의 감정에 공감하고 지지하는 태도를 보여주는 것이 중요합니다. 친구와의 갈등으로 인한 힘든 감정을 이해하고, 그 감정을 표현하는 것을 허용하는 분위기를 조성해야 합니다. 2.학생과 함께 갈등 상황을 자세히 분석하고, 학생이 느끼는 감정을 구체적으로 파악합니다. 게임 중 발생한 말다툼의 구체적인 내용, 당시 상황에서 느꼈던 감정 등을 질문하며 학생의 이야기를 경청합니다. 서로의 잘못을 인정하지 못한 이유와 당시 상황에 대한 학생의 생각을 충분히 들어주는 것이 중요합니다. 3.학생이 친구와 화해하기 위한 구체적인 계획을 세우도록 돕습니다. 화해를 위한 대화에서 어떤 말을 할지, 어떤 방식으로 대화를 시작할지 등을 함께 고민하며 실질적인 조언을 제공합니다. '미안하다'는 말을 전달하는 연습을 하거나, 화해를 위한 메시지를 함께 작성해 보는 것도 도움이 될 수 있습니다. 또한, 화해 후 발생할 수 있는 상황에 대한 대비책을 함께 고려해 볼 수 있습니다. 4.학생의 의사결정 능력을 키워주기 위해, 친구와의 관계 개선을 위한 다양한 해결책을 제시하고 학생이 스스로 선택할 수 있도록 지지합니다. 단순히 화해를 강요하는 것이 아니라, 다양한 선택지를 제시하고, 각 선택지의 장단점을 함께 비교분석하는 과정을 거치도록 합니다. 5.지속적인 관찰과 지원이 필요합니다. 학생과 친구의 관계 변화를 지속적으로 관찰하고, 필요에 따라 추가적인 상담이나 조언을 제공합니다. 학교생활 전반에 대한 관심을 보이며, 학생의 정서적 안정을 돕는 활동에 참여할 것을 권장합니다. 또한, 학생이 친구와의 관계 개선에 대한 진전을 느낄 수 있도록 격려하고 지지하는 것이 중요합니다.

[그림 2] AI가 작성한 상담 내용 정리 및 교사 대응 제안

2. 고민 상담소 앱 제작하기

1) 고민 상담소 앱 제작 요청서

> 학생용 '고민 상담소' 챗봇 웹 앱을 만들어줘. Google Apps Script로 프론트엔드와 백엔드로 구분해서 코드를 작성해 줘. 프론트엔드에는 이름 입력창과 채팅 화면을 구현하고, AI가 답변할 땐 '생각 중…' 표시와 함께 타이핑 애니메이션 효과를 적용해 줘. 백엔드에서는 Gemini API를 연동해서, AI가 따뜻한 상담 선생님처럼 2-3문장으로 짧게 대화하도록 설정해 줘. 상담이 종료되면, 학생 이름으로 새 시트를 자동 생성하고 시트를 가나다순으로 정렬해 줘. 이 시트에는 전체 대화 내용과 교사를 위한 AI 분석 요약, 대응 제안을 함께 기록하고, 열 너비나 정렬 같은 서식도 자동으로 적용해 줘.

[그림 3] 앱 제작을 위한 프롬프트 입력 모습

완성도를 높이는 추천 프롬프트

◆ 프론트엔드 요구사항

① UI 구성 요소

　- 초기 화면: 이름 입력창, '상담 시작하기' 버튼

　- 채팅 화면: 대화창, 메시지 입력창, 전송 버튼, '상담 종료' 버튼

② 사용자 경험(UX) 기능

　- AI 응답 효과: AI가 생각 중일 때 '생각 중...' 표시

　- AI 답변 시 한 글자씩 나타나는 타이핑 애니메이션 적용

　- 상담 종료: 간단한 확인창 후 초기 화면으로 복귀

　- 하단 표시: 'Made by: [제작자 이름]' 표시(스프레드시트 연동)

◆ 백엔드(서버 및 데이터 처리)

① 설정 시트 및 AI 연동

　- '설정' 시트: 제작자 이름(B1), Gemini API 키(B2) 관리

　- AI 상담사 역할: 따뜻하고 공감 능력 뛰어난 상담 선생님 역할 수행
　　　　　　　　　　짧고 간결한 답변(2~3 문장)과 대화를 유도하는 질문 사용

② 데이터 관리 및 자동화

　- 학생 시트 자동 생성: 상담 시작 시 학생 이름으로 시트 자동 생성, 가나다순 정렬

　- 상담 내용 기록: 상담 종료 시, 전체 대화 내용을 요약하여 학생 시트에 자동 저장

　- 교사 제안 생성: 대화록 분석 후, 교사를 위한 대응 제안을 생성하여 함께 기록

　- 자동 서식 적용: 생성된 시트에 헤더('날짜', '상담내용' 등)를 추가하고, 정렬, 줄바꿈, 열 너비 등 서식 자동 설정

2) 웹 앱 최초 배포 및 실행 가이드

Gemini에서 제작한 프론트엔드(index.html) 및 백엔드(Code.gs) 코드를 구글 Apps Script 환경에 설정하고 웹 앱으로 배포합니다.

3. 고민 상담소 앱 공유하기

고민 상담소 앱을 새로 만들지 않고, 이미 제작된 앱을 그대로 가져와 활용할 수 있습니다. 이 앱을 자신의 학급에서 활용하려면, 공유된 스프레드시트를 본인의 Google 드라이브에 사본을 만들어서 가져와서 사용하면 됩니다.

1) 고민 상담소 웹 앱 사본 만들기

먼저, 고민 상담소 구글 스프레드시트를 엽니다.(bit.ly/talk-safe)

파일이 보기 전용으로 설정되어 있어 직접 수정할 수 없으므로, 사본을 생성합니다.

2) Gemini API 연동하여 배포하기

Gemini API 키를 '설정' 시트의 B2셀에 붙여 넣습니다.

Apps Script 편집기를 실행하고 우측 상단의 '배포' 버튼을 클릭한 뒤, '새 배포'를 선택합니다.

4. 고민 상담소 앱 활용하기

학생들과 AI 고민 상담소 앱을 사용할 때 몇 가지 활용팁이 있습니다.

① 고민 상담소 앱 소개할 때 학생들에게 이것이 24시간 언제든지 접근할 수 있는 안전한 상담 공간임을 안내합니다. 상담 내용이 교사에게 전달되어 더 나은 도움을 받을 수 있다는 점을 긍정적으로 설명하되, 개인정보 보호와 비밀 유지의 중요성도 함께 강조합니다.

② 학생들이 앱을 사용하기 전에, 고민을 혼자만 끌어안지 말고 언제든 도움을 요청할 수 있다는 분위기를 조성합니다. "작은 고민도 괜찮다", "판단받지 않는 안전한 공간이다"라는 메시지를 전달하여 심리적 장벽을 낮춰주는 것이 중요합니다.

③ 앱의 URL을 학생들에게 공유하고, 이름 입력, 대화 시작, 메시지 전송, 상담 종료 등 기본적인 사용 방법을 간단히 시연해 줍니다. 특히 '상담 종료' 버튼을 눌러야 내용이 정리된다는 점을 안내합니다.

④ AI 상담사는 따뜻한 공감과 조언을 제공하지만, 심각한 상황이나 전문적인 도움이 필요한 경우에는 반드시 교사나 전문 상담사에게 직접 도움을 요청해야 한다는 점을 강조합니다. "AI와의 대화가 도움이 되었다면, 선생님과도 이야기해보면 어떨까?", "혼자 해결하기 어려운 문제라면 언제든 직접 찾아와도 괜찮아."는 메시지를 전달합니다.

⑤ 학생들이 앱을 자유롭게 활용하되, 상담 후에는 스스로 느낀 점이나 생각의 변화를 간단히 정리해보도록 격려합니다. 또한 교사는 주기적으로 학생별 상담 내용을 확인하여 개별적인 관심과 지원이 필요한 학생을 파악하고, 적절한 시기에 자연스럽게 대화를 시작하는 것이 효과적입니다.

교육 현장에서 가장 소중한 것은 한 명의 아이도 소외되지 않고 모두가 건강하게 성장하는 것입니다. AI 고민 상담소 웹 앱은 바쁜 일상 속에서도 놓치고 싶지 않은 학생들의 마음을 세심하게 돌볼 수 있는 새로운 가능성을 열어줍니다. 이제 학생들은 24시간 열려 있는 마음의 창구를 통해 자유롭게 소통하며, 교사들은 평소 알기 어려웠던 개별 학생의 내면을 깊이 이해해 더욱 의미 있는 교육적 만남을 이어갈 수 있습니다. 디지털 시대의 혁신적 도구가 교실에 따뜻함을 더하고, 학생 한 명 한 명의 마음을 이해하는 따뜻한 교육 공동체를 만들어가기를 소망합니다.

Apps Script

구구단 앱

초등학교 2학년은 2학기부터 곱셈구구를 배우며, 많은 학생들이 구구단 송을 통해 외우게 됩니다. 하지만 순서대로 외운 구구단은 실제 문제 상황에서 바로 활용하기 어렵고, 교실에서의 단체 암송만으로는 학생 개개인의 숙지 여부를 파악하기 힘든 한계가 있습니다.

이러한 점을 보완하기 위해 '구구단 앱'을 개발하였습니다. Google Apps Script 기반으로 제작된 이 앱은 학생이 개별적으로 문제를 풀 수 있게 하며, 정답 여부는 구글 시트에 자동 저장되어 교사는 학생별 이해 수준을 쉽게 확인할 수 있습니다. 가정과의 연계도 가능해, 맞춤형 보충 지도에 효과적입니다.

무엇보다 이 앱은 복잡한 프로그래밍 지식이 없어도, 간단한 예제 코드를 바탕으로 구구단 앱을 구성하고 나만의 학습 도구로 발전시킬 수 있습니다. 단순한 암기를 넘어 실전에서 활용 가능한 구구단 학습, 이 앱으로 완성해 보세요.

1. 구구단 앱의 특징

교실에서 아이들이 구구단을 잘 외우고 있는지 확인하는 일, 생각보다 쉽지 않으시죠? 노래로 외울 때는 신나게 따라 부르던 아이들이, 실제 문제 상황에서는 2단부터 다시 떠올리거나, 자주 헷갈려 하는 모습을 보며 곱셈구구 학습의 실질적인 이해를 어떻게 도와야 할지 고민하셨을 것입니다.

이 앱은 바로 그런 선생님들의 고민에서 출발했습니다. 단순한 암기를 넘어서, 학생들이 구구단을 실제처럼 활용해 보는 경험을 제공하고, 동시에 선생님께서 학생 개개인의 이해 정도를 명확하게 파악할 수 있도록 돕는 것이 목적입니다.

학생들은 앱에 접속해 2단부터 9단까지의 곱셈 문제를 풀게 됩니다. 문제는 순서와 관계없이 무작위로 출제되며, 학생은 그때그때 제시된 문제를 보고 스스로 곱셈식을 떠올려 정답을 선택합니다.

[그림 1] 구구단 앱

이 과정에서 문제를 접할 때마다 곱셈식을 스스로 생각해 보고 정확하게 답하는 연습이 자연스럽게 이루어집니다. 또한 학생의 응답과 정답 여부는 자동으로 구글 스프레드시트에 저장되며, 단계별 점수를 통해 학생이 구구단을 전체적으로 얼마나 익혔는지 간단히 파악할 수 있습니다.

이 앱은 Google Apps Script 기반으로 제작되었으며, 별도의 서버 없이도 작동합니다. 선생님이 직접 수정하거나 응용할 수 있어, 교실 상황에 맞춘 실용적인 디지털 도구로 누구나 쉽게 접근할 수 있습니다.

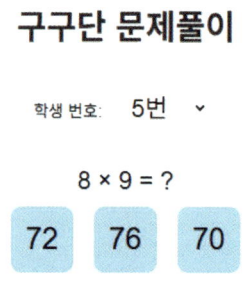

[그림 2] 구구단 앱 문제 예시 화면

무엇보다 이 앱은 학생 개별의 결과 데이터를 단계별 점수 형태로 간단하게 보여주기 때문에, 선생님은 "이번 단계에서는 100점, 다음 단계에서는 70점이네요"와 같이 정량적이고 간단한 피드백을 전달할 수 있습니다.

또한 학부모에게도 단계별 점수 결과를 누적해서 공유할 수 있어, 구구단 숙지 정도를 함께 확인하고 지도 방향을 설계하는 기초 자료로 활용할 수 있습니다.

구구단은 단순히 외우는 것으로 끝나는 것이 아니라, 문제를 보고 스스로 계산해 낼 수 있는 힘을 기르는 과정이 중요합니다. 복잡한 과정 없이도 학생들의 숙지 정도를 눈으로 확인할 수 있어, 수업 뒤 점검이나 가정 연계에 유용하게 활용하실 수 있습니다.

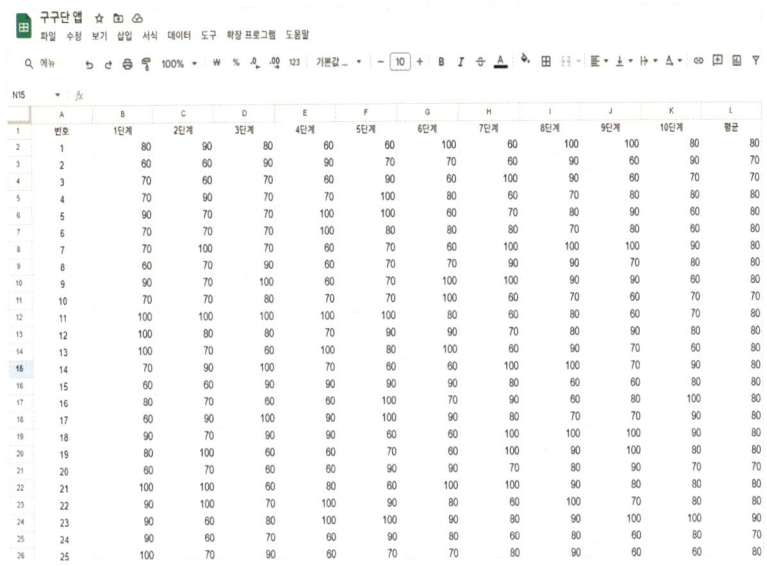

[그림 3] 구글 시트에 자동 저장되는 단계별 점수 화면

바로 배워서 바로 써먹는 바이브 코딩 • 89

2. 구구단 앱 제작하기

1) 구구단 웹 앱 제작 요청서

학생들이 구구단을 즐겁게 학습할 수 있도록 '구구단 문제풀이' 웹 앱을 제작합니다. 학생이 자신의 번호를 선택하고 각 단계를 풀면, 앱은 문제를 자동으로 채점하고 점수를 저장하며, 진행 상황에 따라 시각적 피드백을 제공합니다. 모든 학습 기록은 구글 스프레드시트에 자동으로 저장되고, 단계별 점수와 평균 점수를 확인할 수 있도록 구성됩니다. 이를 위해 Google Apps Script를 활용하여 프론트엔드와 백엔드를 구분하여 코드를 작성해 주세요.

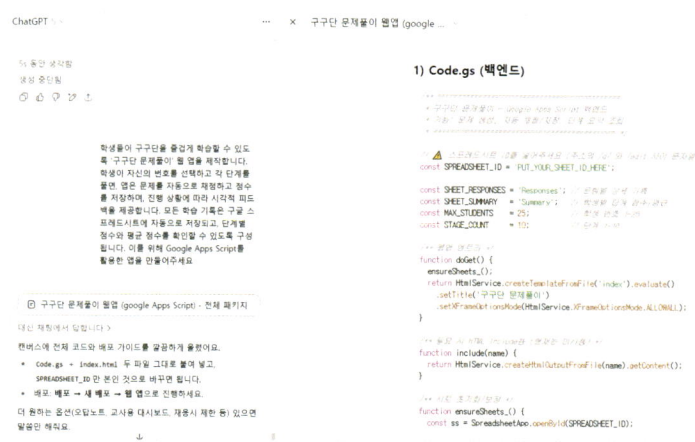

[그림 4] 앱 제작을 위한 프롬프트 입력 모습

완성도를 높이는 추천 프롬프트

◆ **프론트엔드 요구사항**

① UI 구성 요소

- 학생 번호: 1~25번 드롭다운 메뉴(인원수에 따라 조정)
- 단계 선택 버튼: 1~5단계는 첫 번째 줄, 6~10 단계는 두 번째 줄에 가로 배치
- 문제영역: 랜덤 곱셈 문제와 3지선다형 보기 제공
- 결과 안내: 문제 완료 후 점수 안내 메시지와 자동 홈 복귀 기능

② UX 기능

- 단계 진행 상태 표시: 내가 푼 단계(핑크색), 아직 풀지 않은 단계(파란색)
- 단계 버튼 자동 갱신: 문제 완료 후 자동으로 버튼 색상 변경
- 버튼 및 UI 크기: 버튼 크기 확대 및 색상 대비 적용

◆ **백엔드(Code.gs) 요구사항**

① 데이터 저장 구조

- 스프레드시트 연동: 현재 문서 기준으로 자동 연동
- 시트명: '점수'라는 시트 하나에서 전체 데이터를 관리
- 데이터 구조: 열: 학생 번호 / 1~10단계 점수 / 평균 점수
  각 단계 점수는 10점 단위로 자동 채점되어 저장
  평균 점수는 완료된 단계들의 평균값으로 자동 계산

② 저장 방식

- 행 자동 생성: 새로운 학생 번호는 새로운 행으로 자동 추가
- 기존 값 업데이트: 이미 기록된 번호는 해당 단계 점수만 갱신
- 헤더 자동 생성: 시트가 비어 있을 경우 첫 줄에 자동으로 헤더 생성

2) 웹 앱 최초 배포 및 실행 가이드

Chat GPT에서 제작한 프론트엔드(Index.html) 및 백엔드(Code.gs) 코드를 구글 Apps Script 환경에 설정하고 웹 앱으로 배포합니다.

3. 구구단 앱 공유하기

'구구단 문제풀이' 웹 앱을 새로 제작하지 않고, 이미 구축된 앱을 가져와 사용하는 방법을 안내합니다. 이 앱을 자신의 학급에서 활용하려면, 원본 스프레드시트를 본인의 구글 드라이브로 복사한 후, Apps Script를 통해 웹 앱으로 배포해야 합니다.

1) 구구단 웹 앱 스프레드시트 사본 만들기

먼저, 배포된 구구단 문제풀이용 구글 스프레드시트를 엽니다.

(bit.ly/구구단앱) 파일이 보기 전용으로 설정되어 있어 직접 수정할 수 없으므로, 사본을 생성합니다.

※ 주의: 시트 하단의 탭 이름이 '점수'로 되어 있어야 앱이 정상 작동합니다. 사본 생성 후에도 시트 이름이 변경되지 않았는지 꼭 확인하세요.

2) Apps Script 연결 및 코드 확인하기

스프레드시트 사본을 만든 뒤, 상단 메뉴의 [확장 프로그램] → [Apps Script] 를 클릭하여 앱의 코드를 확인합니다.

이미 필요한 index.html과 Code.gs 파일이 모두 포함되어 있으며, 별도의 수정 없이 바로 사용할 수 있습니다.

3) 우리 반 구구단 웹 앱 배포하기

Apps Script 편집기에서 우측 상단의 [배포] 버튼을 클릭한 뒤, [웹 앱으로 배포] 또는 [새 배포]를 선택합니다.

이 주소를 학생들과 공유하면, 누구나 이 구구단 앱에 접속하여 문제를 풀고 점수를 저장할 수 있습니다.

4. 구구단 앱 활용하기

학생들이 이 웹 앱을 활용할 때, 교사가 함께 고려하면 좋은 몇 가지 실천 팁이 있습니다.

① 반복보다 성취감을 강조합니다.

구구단은 반복 학습이 핵심이지만, 앱을 통해 푼 단계가 시각적으로 '핑크색'으로 표시되면서 학생은 자연스럽게 '성취감'을 느낄 수 있습니다.

② 점수보다 꾸준함에 초점을 맞춥니다.

문제당 10점씩 자동 채점되지만 점수보다도 '다 풀었는가', '계속 도전하는가'를 칭찬 기준으로 삼는 것이 바람직합니다. 앱에 누적되는 데이터는 교사가 학생의 이해 수준을 파악하고, 보충 자료나 개별 피드백에 효과적으로 활용할 수 있습니다.

결과적으로 이 앱은 단순한 구구단 연습을 넘어 자기 주도 학습 능력과 수학 학습 자신감을 키울 수 있는 기반을 마련해 줍니다. 또한 기존 종이 학습지처럼 하나하나 채점할 필요 없이 자동 채점과 누적 관리가 가능하므로 채점과 기록에 소요하는 시간을 크게 줄여줄 수 있습니다.

Apps Script

달려라 연산왕 앱

오늘날 초등 수학 교육에서는 연산력 신장을 위한 반복 학습이 여전히 중요한 위치를 차지하고 있습니다. 하지만 단순한 문제풀이를 넘어, 학생들이 즐겁게 몰입하면서도 실력까지 자연스럽게 키울 수 있는 수업 방식에 대한 관심도 높아지고 있습니다. 교실에서 다양한 수학 게임이 시도되고 있지만, 그 대부분은 수업 중 일시적인 활동에 그치거나, 학습 데이터가 남지 않는 경우가 많습니다.

앞선 '구구단 앱'이 연산 수업의 디지털 걸음마였다면, 이번 '달려라 연산왕' 앱은 한 단계 더 진화한 형태라 할 수 있습니다. 단순한 반복 문제풀이가 아니라, 게임처럼 달리고 선택하며 학습을 이어가는 과정 속에서 학생들은 더 적극적으로 수업에 참여하게 됩니다. 캐릭터가 움직이고, 보기 버튼이 반짝이며, 피드백이 즉각적으로 표시되는 등 그래픽적인 몰입 요소가 학생들의 동기를 끌어올립니다.

'달려라 연산왕' 앱의 진정한 가치는 학생에게는 재미를, 교사에게는 분석 도구를 제공한다는 점에 있습니다. 연산 수업에서 '반복 훈련'과 '학습 데이터 수집'이라는 두 마리 토끼를 잡을 수 있는 이 앱이 교실 속 연산 수업에 새로운 활력을 불어넣을 것입니다. 더 이상 지루한 연산 학습이 아니라 달리고 풀고 성장하는 수학 수업의 변화를 함께 만들어볼까요?

1. 달려라 연산왕 앱의 특징

1) 연산 수업에 게임이 들어오다: 수학 교실의 새로운 판

연산 수업을 하면서 가장 아쉬웠던 순간은 언제였나요? 아마도 학생들이 '다 풀었어요!'라고 말하지만 실제로는 틀린 문제를 그냥 넘어가거나, 무표정으로 문제만 반복하는 모습을 볼 때가 아닐까요? 연산은 분명 기초 수학의 핵심이자 반복이 필요한 영역이지만, 흥미를 잃은 채 수동적으로 문제를 푸는 학습은 큰 효과를 기대하기 어렵습니다.

'달려라 연산왕' 앱은 이러한 고민에서 출발했습니다. 캐릭터가 달리고, 문제에 도달하면 정지하고, 정답을 맞히면 다시 움직이는 흐름은 학생의 몰입도를 높이고 수업에 활기를 더합니다.

시각적 요소도 한층 강화되어, 색감 있는 그래픽과 터치 가능한 큰 버튼, 즉각적인 피드백이 학생들의 집중력을 오래 유지시켜 줍니다.

[그림 1] 달려라 연산왕 앱

2) 기록되는 학습, 보이는 성장

이 앱이 단순한 게임형 학습 도구를 넘어서는 이유는, 학습 과정을 숫자로, 시각적으로 '기록'할 수 있다는 데 있습니다. 문제를 푼 학생마다 타임스탬프, 최종 점수, 정답률(%), 풀이 시간(초), 총 문제 수, 정답 수까지 자동 저장됩니다. 이 데이터는 Google Sheets에 연동되어 교사가 확인할 수 있으며, 학생의 실력 향상 정도와 학습 패턴을 한눈에 파악하게 해 줍니다.

교사는 이를 통해 '어떤 학생이 어떤 단계를 끝냈는지', '오답이 반복되는 단계는 무엇인지', '어떤 연산 유형에서 시간이 많이 소요되는지' 등을 정밀하게 지도할 수 있습니다.

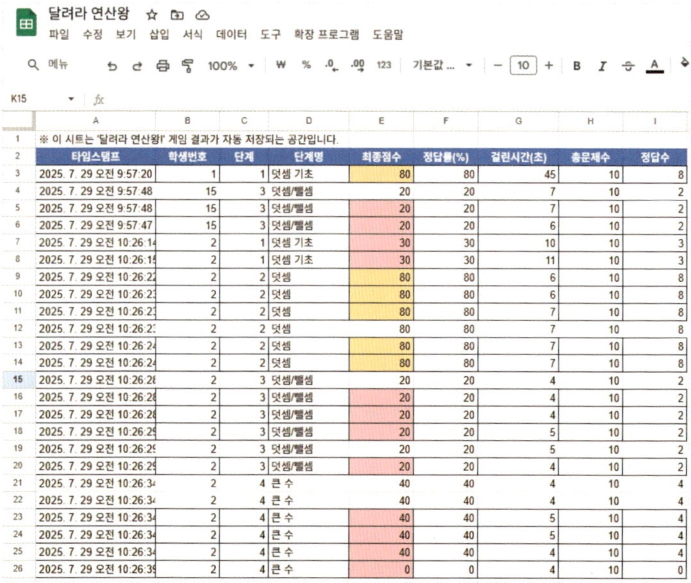

	A	B	C	D	E	F	G	H	I
1	※ 이 시트는 '달려라 연산왕!' 게임 결과가 자동 저장되는 공간입니다.								
2	타임스탬프	학생번호	단계	단계명	최종점수	정답률(%)	걸린시간(초)	총문제수	정답수
3	2025. 7. 29 오전 9:57:20	1	1	덧셈 기초	80	80	45	10	8
4	2025. 7. 29 오전 9:57:48	15	3	덧셈/뺄셈	20	20	7	10	2
5	2025. 7. 29 오전 9:57:48	15	3	덧셈/뺄셈	20	20	7	10	2
6	2025. 7. 29 오전 9:57:47	15	3	덧셈/뺄셈	20	20	6	10	2
7	2025. 7. 29 오전 10:26:14	2	1	덧셈 기초	30	30	10	10	3
8	2025. 7. 29 오전 10:26:15	2	1	덧셈 기초	30	30	11	10	3
9	2025. 7. 29 오전 10:26:22	2	2	덧셈	80	80	6	10	8
10	2025. 7. 29 오전 10:26:23	2	2	덧셈	80	80	6	10	8
11	2025. 7. 29 오전 10:26:23	2	2	덧셈	80	80	7	10	8
12	2025. 7. 29 오전 10:26:23	2	2	덧셈	80	80	7	10	8
13	2025. 7. 29 오전 10:26:24	2	2	덧셈	80	80	7	10	8
14	2025. 7. 29 오전 10:26:24	2	2	덧셈	80	80	7	10	8
15	2025. 7. 29 오전 10:26:28	2	3	덧셈/뺄셈	20	20	4	10	2
16	2025. 7. 29 오전 10:26:28	2	3	덧셈/뺄셈	20	20	4	10	2
17	2025. 7. 29 오전 10:26:28	2	3	덧셈/뺄셈	20	20	4	10	2
18	2025. 7. 29 오전 10:26:29	2	3	덧셈/뺄셈	20	20	5	10	2
19	2025. 7. 29 오전 10:26:29	2	3	덧셈/뺄셈	20	20	5	10	2
20	2025. 7. 29 오전 10:26:29	2	3	덧셈/뺄셈	20	20	4	10	2
21	2025. 7. 29 오전 10:26:34	2	4	큰 수	40	40	4	10	4
22	2025. 7. 29 오전 10:26:34	2	4	큰 수	40	40	4	10	4
23	2025. 7. 29 오전 10:26:34	2	4	큰 수	40	40	5	10	4
24	2025. 7. 29 오전 10:26:34	2	4	큰 수	40	40	5	10	4
25	2025. 7. 29 오전 10:26:34	2	4	큰 수	40	40	4	10	4
26	2025. 7. 29 오전 10:26:39	2	4	큰 수	0	0	4	10	0

[그림 2] 구글 시트에 자동 저장되는 단계별 점수 화면

3) 수준별 단계 구성으로 누구나 도전

'달려라 연산왕' 앱은 1단계 덧셈 기초부터 10단계 연산왕까지, 난이도를 체계적으로 구성하여 학생들이 자신의 수준에 맞는 연산 문제에 도전할 수 있게 합니다. 연산에 어려움을 느끼는 초등 저학년 학생도 '덧셈 기초' 단계부터 차근차근 올라갈 수 있고, 자신감 있는 학생은 '도전', '연산왕' 단계를 선택해 심화 도전이 가능합니다.

각 단계는 단지 문제의 양이나 숫자 크기를 조절하는 것이 아니라,

덧셈 → 뺄셈 → 혼합 계산 → 구구단 → 곱셈 → 복합 연산으로 구성되어 수학적 사고 흐름을 단계적으로 확장해 나갈 수 있게 설계되어 있습니다.

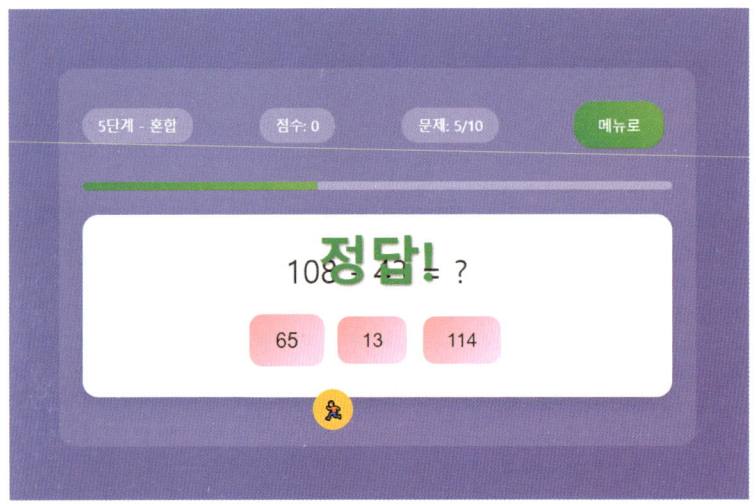

[그림 3] 달려라 연산왕앱 문제 예시 화면

'달려라 연산왕' 앱은 더 이상 연산 수업을 지루하고 단순한 반복의 시간으로 느껴지지 않도록 해줍니다. 학생에겐 몰입과 성취감을, 교사에겐

피드백과 분석 자료를 제공하는 이 도구가, 교실 속 연산 수업의 의미를 새롭게 써 내려갈 수 있기를 바랍니다.

2. 달려라 연산왕 앱 제작하기

1) 달려라 연산왕 앱 제작 요청서

초등학생들이 수학 연산 능력을 재미있게 향상시킬 수 있도록 지원하는 '달려라 연산왕' 웹 앱을 제작합니다. 학생은 1번부터 25번까지 번호를 선택하고, 1단계부터 10단계까지의 난이도별 연산 문제에 도전하여 게임처럼 즐기면서 수학 실력을 키울 수 있습니다. 게임 결과는 실시간으로 구글 스프레드시트에 자동 기록되어 교사가 학생들의 학습 진도를 쉽게 관리할 수 있습니다. 이를 위해 구글 Apps Script로 프론트엔드와 백엔드로 구분해서 코드를 작성해 주세요.

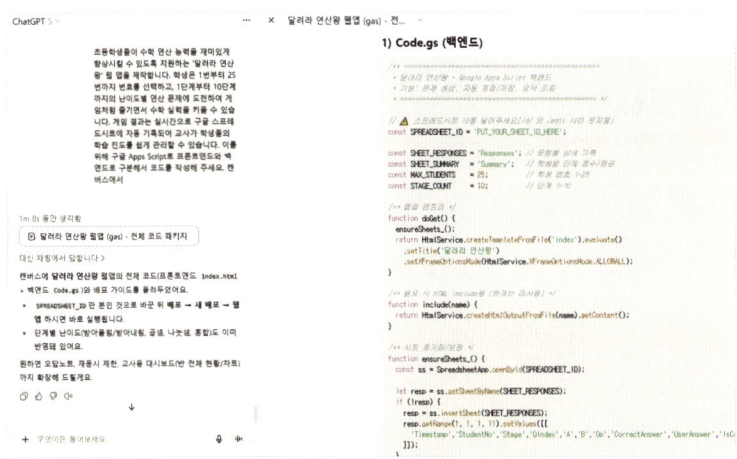

[그림 4] 앱 제작을 위한 프롬프트 입력 모습

완성도를 높이는 추천 프롬프트

◆ **프론트엔드 요구사항**

① 주요 화면 구성:
- 시작 화면: 게임 제목과 학생 번호 선택 드롭다운(1번~25번), 게임 시작 버튼
- 단계 선택 화면: 1단계부터 10단계까지의 버튼을 2행 5열 격자로 배치, 각 단계별 연산 유형(덧셈 기초, 구구단, 연산왕 등)을 표시
- 게임 화면: 상단에 단계 정보, 점수, 문제 번호, 진행률 바를 표시하고, 중앙에 연산 문제와 3개의 선택지 버튼, 하단에 달리는 캐릭터를 배치
- 결과 화면: 게임 완료 후 학생 번호, 단계, 최종 점수, 정답률, 걸린 시간, 정답 개수를 표시하고, 스프레드시트 저장 상태를 실시간으로 보여주기

② 사용자 인터랙션(게임 진행)
- 정답/오답 피드백: 문제를 맞추면 "정답!" 파란색, 틀리면 "오답!" 빨간색 표시
- 상단 진행률 바와 하단 달리는 캐릭터가 문제 풀이에 따라 함께 이동
- 완료한 단계는 초록색, 진행 중인 단계는 주황색, 미완료 단계는 분홍색으로 표시

◆ **백엔드(Code.gs) 요구사항**

① 스프레드시트 연동
- 현재 스프레드시트 활용: SpreadsheetApp.getActiveSpreadsheet()를 사용
- 자동 시트 생성: '연산왕결과' 시트가 없으면 자동 생성하고 헤더 설정
- 데이터 기록: 타임스탬프, 학생번호, 단계, 단계명, 최종점수, 정답률(%), 걸린시간(초), 총문제수, 정답수를 자동 저장

② 게임 로직 처리
- 10단계별로 각각 다른 연산 유형과 난이도의 문제 10개씩 생성
- 게임 완료 후 스프레드시트에 결과를 기록하고 저장 상태를 사용자에게 피드백

- 점수에 따라 셀 배경색을 자동 변경(90점 이상: 연한 초록색, 70점 이상: 연한 노란색, 그 이하: 연한 빨간색)

◆ 게임 단계별 연산 구성

① 단계별 연산 유형 및 조건:

1단계(덧셈 기초): 한 자리 수 덧셈(57+6 형태)

2단계(덧셈): 두 자리 수 덧셈(48+36 형태)

3단계(덧셈/뺄셈): 두 자리 수 덧셈과 뺄셈 혼합(58+67 형태)

4단계(큰 수): 큰 수 뺄셈(63-5 형태)

5단계(혼합): 큰 수 뺄셈 심화(82-34 형태)

6단계(구구단): 곱셈과 덧셈 혼합(47+6/53-9 형태)

7단계(곱셈): 곱셈 심화와 혼합 연산(68+34/95-67 형태)

8단계(사칙): 세 수 덧셈(24+36+18 형태)

9단계(도전): 세 수 뺄셈(95-12-8 형태)

10단계(연산왕): 혼합 연산 최고 난이도(37+28-15 형태)

② 문제 생성 규칙:

- 각 단계별 10문제 랜덤 생성
- 3개 선택지 제공(정답 1개 + 오답 2개)
- 점수 시스템: 정답 시 10점, 오답 시 0점

2) 웹 앱 최초 배포 및 실행 가이드

- 새 구글 스프레드시트 생성 후 "연산왕결과"로 제목 변경
- Chat GPT에서 제작한 프론트엔드(index.html) 및 백엔드 코드를 Apps Script에 붙여넣기

- setupSpreadsheet() 함수 실행으로 초기 설정 완료(권한 허용 필요)
- 새배포를 눌러 웹 앱으로 배포합니다.

3. 달려라 연산왕 앱 공유하기

'달려라 연산왕' 웹 앱을 새로 제작하지 않고, 이미 구축된 앱을 가져와 사용하는 방법을 안내합니다. 이 앱을 자신의 학급에서 활용하려면, 원본 스프레드시트를 본인의 구글 드라이브로 복사한 후, Apps Script를 통해 웹 앱으로 배포해야 합니다.

1) 달려라 연산왕 웹 앱 스프레드시트 사본 만들기

먼저, 배포된 구구단 문제풀이용 구글 스프레드시트를 엽니다.

(bit.ly/달려라연산왕앱)

파일이 보기 전용으로 설정되어 있어 직접 수정할 수 없으므로, 사본을 생성합니다.

※ 주의: 시트 하단의 탭 이름이 '연산왕결과'로 되어 있어야 앱이 정상 작동합니다. 사본 생성 후에도 시트 이름이 변경되지 않았는지 반드시 확인하세요.

2) Apps Script 연결 및 코드 확인하기

스프레드시트 사본을 만든 뒤, 상단 메뉴의 [확장 프로그램] → [Apps Script]를 클릭하여 앱의 코드를 확인합니다.

이미 필요한 index.html과 Code.gs 파일이 모두 포함되어 있으며, 별도의 수정 없이 바로 사용할 수 있습니다.

3) 우리 반 구구단 웹 앱 배포하기

Apps Script 편집기에서 우측 상단의 [배포] 버튼을 클릭한 뒤, [웹 앱으로 배포] 또는 [새 배포]를 선택합니다. 이 주소를 학생들과 공유하면, 누구나 이 구구단 앱에 접속하여 문제를 풀고 점수를 저장할 수 있습니다.

4. 달려라 연산왕 앱 활용하기

학생들과 달려라 연산왕 앱을 사용할 때 몇 가지 활용팁이 있습니다.

① 학생들이 게임을 시작하기 전에, 해당 단계의 연산에 대해 간단히 복습하는 시간을 주어 기본 개념을 다시 한 번 확인할 수 있도록 유도 하는 것이 좋습니다.

② 게임 결과는 즉시 기록되지만, 단순한 점수에만 치중하지 말고 "어떤 유형의 문제에서 실수했을까?", "시간을 단축하려면 어떤 연산을 더 연습해야 할까?"와 같은 질문을 던지며 성찰적 학습을 촉진합니다.

③ 학생들에게 각자의 수준에 맞는 단계부터 차근차근 도전하도록 안내합니다. 같은 단계를 반복 도전하여 정확도와 속도를 동시에 향상시키는 활동도 효과적입니다.

수학 수업에서 가장 중요한 것은 학생들이 연산에 대한 자신감과 흥미를 기르는 것입니다. 달려라 연산왕 웹 앱은 그 과정에서 마주하는 지루함과 반복 학습의 어려움을 해결해 주는 든든한 해결책이 될 것입니다. 학생들은 게임을 통해 즐겁게 연산 실력을 쌓고, 선생님들은 개별 학생의 학습 데이터를 바탕으로 맞춤형 지도에 집중할 수 있게 됩니다.

Apps Script

타자 천자문

　디지털 네이티브 세대가 성장하는 현재, 역설적으로 학생들의 문해력 저하가 심각한 교육 문제로 대두되고 있습니다. 짧고 단편적인 디지털 콘텐츠에 익숙해진 학생들은 깊이 있는 텍스트 이해와 맥락적 사고에 어려움을 겪고 있으며, 이는 전반적인 학습 능력과 사고력 발달에 영향을 미치고 있습니다.

　이러한 상황에서 한자 교육의 중요성이 새롭게 조명받고 있습니다. 한자는 단순한 문자가 아닌 개념과 의미가 압축된 표의문자로서, 하나의 글자 안에 깊은 뜻과 맥락이 담겨 있습니다. 한자를 학습하는 과정에서 학생들은 자연스럽게 어휘력을 확장하고, 단어의 어원과 의미를 탐구하며, 텍스트의 맥락을 파악하는 능력을 기를 수 있습니다. 더 나아가 한자 학습은 집중력과 인내력을 기르고, 체계적 사고와 논리적 추론 능력을 향상시키는 데 기여합니다.

　'타자 천자문'은 문해력 증진이라는 시대적 요구와 전통적 한자 교육의 가치를 결합하여, 단순한 암기와 반복 학습의 한계를 뛰어넘는 혁신적인 웹 애플리케이션입니다. 게임화된 인터랙티브 학습 환경을 통해 학생들이 자연스럽게 한자를 체득하면서, 동시에 깊이 있는 사고력과 문해력을 기를 수 있도록 설계되었습니다.

1. 타자 천자문 앱의 특징

1) 플래시카드 사용을 통한 한자 학습

[그림 1] 플래시카드 형태로 익히는 천자문

한자는 복잡한 구조와 획순을 가진 표의문자로, 시각적 인식과 기억이 학습의 핵심입니다. 플래시카드는 한자의 형태를 단순하고 명확하게 제시하여 시각적 기억을 강화합니다. 반복적인 시각적 노출을 통해 복잡한 한자의 구조가 뇌에 패턴으로 저장되며, 이는 한자 인식 속도와 정확도를 크게 향상시킵니다.

또한 플래시카드 학습은 수동적인 읽기가 아닌 능동적인 기억 회상을 요구합니다. 한자를 보고 음과 뜻을 떠올리거나, 음을 듣고 한자를 연상하는 과정에서 뇌는 능동적으로 정보를 검색하고 재구성합니다. 이러한 능동적 회상 과정은 단순한 반복 학습보다 훨씬 효과적으로 장기 기억을 형성하며, 학습 내용의 정착률을 높입니다.

플래시카드 학습에서는 정답을 즉시 확인할 수 있어 학습 오류를 실시간으로 교정할 수 있습니다. 틀린 한자는 바로 올바른 정보로 수정되어 잘못된 기억이 고착화되는 것을 방지하며, 정확한 학습이 이루어질 수 있도록 합니다. 이러한 즉각적 피드백은 학습 효과를 높이고 자신감을 증진시킵니다.

플래시카드는 학습자 개인의 속도에 맞춘 학습을 가능하게 합니다. 쉬운 한자는 빠르게 넘어가고 어려운 한자는 충분히 시간을 두고 반복할 수 있어, 획일적인 집단 수업의 한계를 극복합니다. 특히 한자처럼 개인차가 큰 학습 영역에서 이러한 개별화된 접근은 매우 효과적입니다.

2) 게이미피케이션을 적용한 학습 몰입

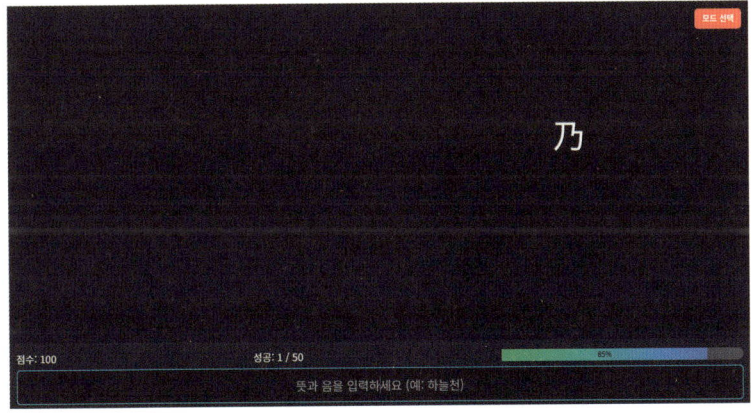

[그림 2] 게임모드 학습 화면

현대 교육의 가장 큰 도전 중 하나는 학습자의 지속적인 집중력과 동기를 유지하는 것입니다. 디지털 환경에 익숙한 학습자들은 즉각적인 자극과 피드백을 기대하며, 전통적인 수동적 학습 방식에서는 쉽게 흥미를 잃고 주의가 분산되는 경향을 보입니다. 이러한 문제를 해결하기 위해 교육 분야에서는 게임의 재미있는 요소를 학습에 접목하는 게이미피케이션이 주목받고 있으며, 특히 학습 몰입을 유도하는 효과적인 도구로 인식되고 있습니다.

게이미피케이션은 단순히 학습에 게임적 요소를 추가하는 것이 아니라, 학습자의 심리적 상태를 최적화하여 깊이 있는 학습 경험을 만들어내는 체계적인 접근법입니다. 특히 '플로우(Flow)' 상태로 불리는 최적의 몰입 상태를 유도하는 데 탁월한 효과를 보입니다. 플로우 상태는 개인의 능력과 과제의 난이도가 적절히 균형을 이룰 때 나타나는 현상으로, 시간 감각이 사라지고 완전히 활동에 몰두하게 되는 심리적 상태입니다. 게이미피케이션은 이러한 플로우 상태를 의도적으로 설계하고 유지할 수 있는 메커니즘을 제공합니다.

타자 천자문의 게임 모드에 적용한 에너지 시스템은 이러한 학습 몰입을 극대화하는 대표적인 사례입니다. 하늘에서 떨어지는 한자와 감소하는 에너지라는 시간 제약은 학습자에게 적절한 긴장감을 조성하여 외부 요인에 의한 주의 분산을 차단하고 온전히 과제에 집중할 수 있는 환경을 만듭니다. 한자를 정확히 입력했을 때 얻는 즉각적인 점수 상승과 에너지 유지는 긍정적 피드백을 제공하여 도파민 분비를 촉진하고, 이는 자연스럽게 학습 지속 의욕으로 이어집니다. 반면 실패 시 에너지가 감소하는 위험 요소는 적당한 스트레스를 유발하여 각성 수준을 최적화하고 집중력을 극대화합니다.

2. 타자 천자문 앱 제작하기

1) 타자 천자문 앱 제작 요청서

타자 천자문이라는 웹 앱을 만들고 싶어. 화면 위에서 한자가 떨어지고 한자의 뜻과 음을 타자로 치면 아래에서 레이저가 나와 한자를 맞추고 점수를 획득하는 게임이야. 예를 들어 '天' 이 화면 위에서 아래로 떨어지면 사용자가 "하늘천"이라고 입력하면 天의 아래에서 레이저가 나와 天자를 맞추고 글자는 사라지면서 점수를 획득하는거야. 1단계부터 10단계로 이루어져 있고 각 단계마다 100자씩 익히도록 만들어 줘. 위에는 에너지바가 있는데 글자가 바닥에 떨어질 때까지 맞추지 못하면 에너지가 조금씩(3%정도씩) 닳도록 해 줘. 에너지가 0%가 되면 게임이 종료되고 50글자 이상 맞추면 다음 단계로 넘어가도록 만들어 줘. 로그인 화면에서는 닉네임을 입력하고 게임시작 버튼을 누르면 단계를 설정하도록 만들어 줘. 단계를 누르면 해당 단계로 넘어가서 게임을 하는거야. 마지막 10단계를 성공하면 축하페이지가 열리도록 해 줘. 구글 스프레드시트와 앱스 스크립트로 만드는데 스프레드시트에는 타임스탬프, 닉네임, 점수가 기록이 되도록 만들어 줘. 점수는 게임이 종료될 때까지 누적을 해 줘.

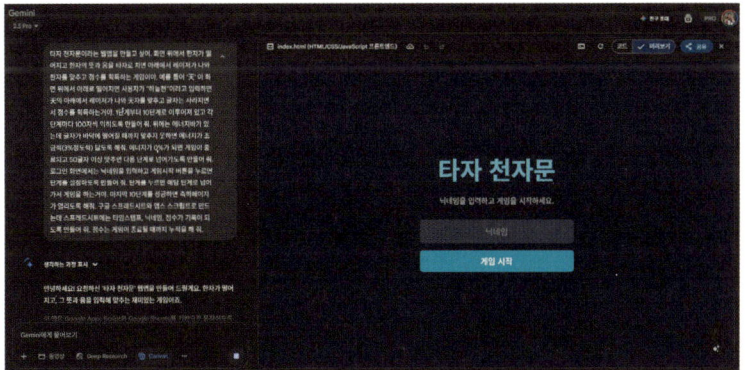

[그림 3] 앱 제작을 위한 프롬프트 입력과 미리보기 모습

완성도를 높이는 추천 프롬프트

- 스프레드시트의 한자를 호출하여 학습과 게임에 활용하도록 코드를 수정하고 적용 방법을 안내해 줘.
- 레이저가 발사될 때 효과음이 나도록 만들어 줘.
- 맞추지 못한 한자가 바닥으로 떨어질 때 둔탁한 효과음이 나도록 해 줘.
- 로그인 후 단계를 선택하기 전에 모드 선택 창이 나오도록 코드 수정
- 모드 선택장은 순차학습모드, 랜덤학습모드, 게임학습모드로 구성
- 학습모드에서 '이전' 버튼을 만들고 이 버튼을 누르면 이전 한자를 학습
- 사용자가 답을 입력하고 엔터키나 스페이스바를 누르면 답안이 제출되도록 하고 정답이 아닌 경우에는 입력창의 내용이 지워지도록 코드를 수정해 줘.

2) 한자 데이터 준비

각 단계별로 100자씩의 한자를 학습하거나 게임에 활용하게 되므로 이에 맞는 데이터가 필요합니다. 시트의 이름이 단계이며 A열은 한자, B열은 뜻, C열은 음이 되도록 하였습니다. 이 자료를 바탕으로 단계별 학습과 게임이 이루어지게 됩니다. 여기에서는 단계별로 시트를 구분하여 총 11개의 시트를 생성하였지만 작동 방식에 따라 로그시트와 한자시트 2개로만 만들 수도 있습니다. 이때에는 한자시트 맨 앞 열에 Level을 구분하는 것이 좋습니다. 이렇게 하면 A열은 Level, B열은 한자, C열은 뜻, D열은 음으로 구성이 될 것입니다.

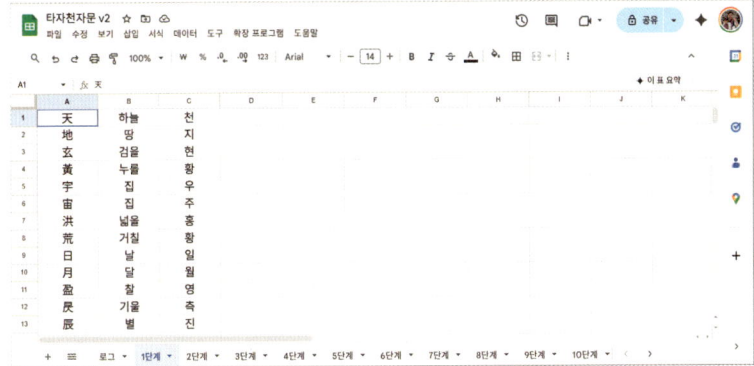

[그림 4] 타자 천자문 데이터 시트

3) 웹 앱 최초 배포 및 실행 가이드

Gemini에서 제작한 프론트엔드(Index.html) 및 백엔드(Code.gs) 코드를 Google Apps Script 환경에 설정하고 웹 앱으로 배포합니다.

3. 타자 천자문 앱 활용하기

학생들과 타자 천자문 앱을 사용할 때 몇 가지 활용 팁이 있습니다.

① 게임에 바로 도전하지 말고 반드시 플래시카드 모드를 통해 각 단계의 한자를 충분히 숙지한 후 게임을 시작하세요. 플래시카드로 한자의 형태, 음, 뜻을 반복 학습하여 기본기를 다진 다음, 게임에서는 빠른 인식과 타이핑에 집중할 수 있습니다. 특히 어려워하는 한자들은 별도로 표시해두고 플래시카드에서 집중적으로 반복 학습한 후 게임에 적용하면, 에너지 소모를 최소화하면서 목표 달성 확률을 높일 수 있습니다.

② 자신만의 학습 노트를 준비하여 게임 모드에서 모르는 한자가 나올 때에는 글자가 바닥에 떨어질 때까지 무의미하게 시간을 허비하기 보다는 자신의 학습 노트에서 빨리 찾아 답을 하도록 합니다. 글자가 떨어지기 전에 글자를 찾아야 하므로 순간적인 집중력이 높아져 글자를 익히는데 도움이 되기도 합니다.

타자 천자문 앱은 다른 내용으로 바꾸어 새롭게 만드는 것도 좋은 방법입니다. 타자 천자문은 기본적으로 100개씩의 글자를 익혀야 하므로 초등학생들에게는 다소 무리가 될 수 있습니다. 또한 천자문의 특성상 한자 난이도의 계열이 떨어집니다. 한자급수자격검정을 시행하는 사이트에서 급수별 한자를 데이터화하여 타자 천자문 앱처럼 만들어 보는 것도 좋은 방법입니다. 타자 천자문에서 단계를 선택하는 대신 자신의 수준에 맞는 급수를 선택하고 해당 급수의 한자를 학습하는 것입니다. 'bit.ly/타이핑한자' 에 접속하면 체험을 할 수 있습니다.

또한 영어 단어에도 접목할 수 있을 것입니다. 영단어가 내려오면 그 뜻을 타이핑하여 맞추는 방법으로 영어 단어를 익히는 데 도움을 줄 수 있습니다.

firebase와 같은 클라우드 기반 개발 플랫폼을 이용하면 학생들의 결과물을 누적하여 시각적으로 표현할 수도 있을 것입니다. 학생들의 학습 성장을 표나 그래프 등으로 표시할 수 있어 학생들의 학습에 도움을 줄 것으로 기대됩니다.

Apps Script

질문이 있는 교실

교육 현장에서 가장 아름다운 순간은 언제일까요? 바로 학생의 눈에서 호기심의 불꽃이 일어나며 "왜 그럴까요?"라는 질문이 터져 나오는 순간입니다. 하지만 전통적인 교실에서는 시간의 제약과 획일화된 교육과정으로 인해 이러한 자연스러운 호기심이 충분히 발현되지 못하는 경우가 많습니다.

"질문이 있는 교실"은 이러한 교육 현실의 한계를 극복하고, 학생 개개인의 호기심을 중심으로 한 진정한 자기 주도 학습 환경을 구현하기 위해 탄생한 혁신적인 웹 애플리케이션입니다.

이 앱의 핵심 철학은 단순하지만 강력합니다. "좋은 질문이 좋은 학습을 만든다"는 믿음에서 출발하여, 학생들이 스스로 질문을 던지고, 그 답을 통해 새로운 궁금증을 발견하며, 끝없는 학습의 순환을 경험할 수 있도록 설계되었습니다.

기존의 일방적 학습 도구들과 달리, "질문이 있는 교실"은 학생과 인공지능 간의 대화형 상호작용을 통해 학습이 진행됩니다. 학생이 던진 질문에 AI가 답변하면, 그 답변 속에서 학생은 또 다른 호기심을 발견하게 됩니다. 이렇게 5번의 질문과 답변을 주고받은 후, 학생은 자신이 새롭게 알게 된 내용과 더 탐구하고 싶은 영역을 정리하며 학습을 성찰합니다. 마지막으로 AI는 학생의 학습 과정 전체를 분석하여 개인화된 총평과 향후 학습 방향을 제시합니다.

이러한 접근 방식은 단순한 지식 전달을 넘어서, 학생들의 비판적 사고력, 메타인지 능력, 그리고 평생학습 역량을 기르는 데 초점을 맞추고 있습니다. 학생들은 자신만의 학습 경로를 구성하며, 질문하는 힘과 스스로 답을 찾아가는 즐거움을 경험하게 됩니다.

본 글에서는 "질문이 있는 교실" 웹 애플리케이션의 구체적인 제작 과정을 단계별로 상세히 안내하여, 교육자와 개발자들이 이와 같은 혁신적인 학습 도구를 직접 구현할 수 있도록 돕고자 합니다. 기획 단계부터 실제 배포까지, 그리고 교육적 효과 검증에 이르는 전 과정을 함께 살펴보겠습니다.

1. 질문이 있는 교실 앱의 특징

1) 질문이 있는 교실 웹 앱: 연쇄적 호기심 발현 시스템

학습에 있어서 궁금증은 단순한 의문이 아니라 적극적인 학습 행동의 출발점이자 동력입니다. 학생 스스로가 "알고 싶다"는 내재적 동기를 가지고 학습에 접근하게 되면, 그 과정에서 발생하는 모든 인지적 활동이 능동적이고 의미 있는 것으로 변화합니다. 연쇄적 호기심의 발현은 하나의 궁금증이 해결되면서 얻게 되는 새로운 지식이 또 다른 궁금증의 씨앗이 되는 강력한 학습 메커니즘입니다. 이 과정에서 학습자는 외부의 지시나 강요 없이도 스스로 학습의 방향을 설정하고 깊이를 조절하게 됩니다.

연쇄적 호기심은 학습자가 자신만의 독특한 학습 경로를 개발할 수 있게 하여, 같은 주제에서 출발하더라도 개인의 관심사에 따라 전혀 다른 방향으로 탐구가 진행될 수 있습니다. 이러한 과정을 통해 학습자는 단순히 정보를 축적하는 것이 아니라, 지식을 연결하고 재구성하는 고차원적 사고 능력을 기르게 됩니다. 자신이 던진 질문에서 시작된 탐구 과정이기 때문에 그 결과에 대한 책임감과 성취감이 더욱 강화되며, 이는 학습에 대한 주인의식을 길러줍니다. 이는 외적 동기에 의존하지 않는 진정한 자기 주도 학습의 기초가 되며, 평생학습자로 성장할 수 있는 중요한 토대를 제공합니다.

이 웹 앱은 Google Apps Script 기반 웹 기술과 생성형 AI Gemini를 결합하여 개발되었습니다. 학생이 학습한 내용과 관련하여 궁금한 것을 질문하면 인공지능이 이에 대하여 선생님이 학생에게 말하듯 설명하고, 학생은 이를 토대로 궁금한 것을 다시 질문하며 학습을 심화합니다.

[그림 1] 질문이 있는 교실 웹 앱 로그인 화면 및 질문 창

2) 학습 성찰을 통한 메타러닝 촉진과 개인 맞춤형 AI 피드백

학습 성찰은 단순히 무엇을 배웠는지를 확인하는 것이 아니라, 자신의 학습 과정 자체를 객관적으로 되돌아보고 분석하는 메타인지적 활동입니

다. "질문이 있는 교실"에서는 5번의 질문-답변 과정을 마친 후 학생들이 "새롭게 알게 된 내용"과 "더 알고 싶은 내용"을 정리하도록 하여, 자신의 학습을 의식적으로 성찰할 수 있는 구조적 기회를 제공합니다. 이러한 성찰 과정을 통해 학생들은 자신이 어떤 방식으로 사고하고 학습하는지, 어떤 유형의 질문을 선호하는지, 어떤 주제에 더 깊은 관심을 보이는지를 인식하게 됩니다. 이는 학습에 대한 학습, 즉 메타러닝 능력을 기르는 핵심적인 과정입니다.

개인 맞춤형 AI 피드백 시스템은 각 학생의 질문 패턴, 사고 과정, 학습 흐름을 종합적으로 분석하여 개별화된 조언을 제공합니다. AI는 학생이 던진 5개의 질문 사이의 연결성, 탐구 깊이의 변화, 관심 영역의 확장 정도를 파악하여 그 학생만의 학습 특성을 도출합니다.

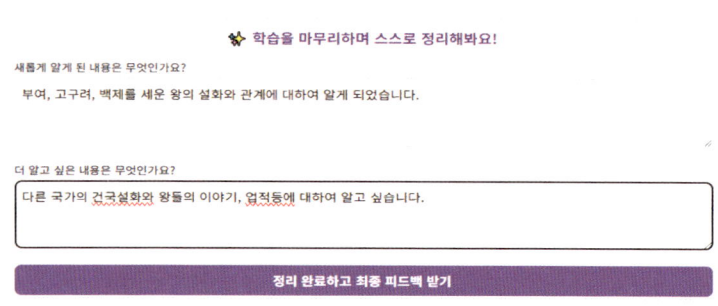

[그림 2] 학습 성찰 및 최종 피드백 버튼

이러한 개인화된 AI 피드백은 학생들이 자신의 학습 스타일을 더 명확히 인식하고, 효과적인 학습 전략을 개발할 수 있도록 돕습니다. 결국 학습 성찰과 맞춤형 피드백의 결합은 학생들이 단순히 지식을 습득하는 것을 넘어서, 평생에 걸쳐 스스로 학습을 계획하고 실행하며 개선할 수 있는 자기조절학습 능력을 기르는 강력한 도구가 됩니다.

3) 데이터 기반 학습 추적과 교육적 인사이트 생성

"질문이 있는 교실"의 또 다른 특징은 학생들의 질문 내용과 학습 성찰 결과가 교사의 구글 스프레드시트에 자동으로 저장된다는 것입니다. 이 기능을 통해 교사는 각 학생이 어떤 주제에 관심을 보이는지, 어떤 방식으로 사고하는지, 학습 과정에서 어떤 변화를 보이는지를 구체적인 데이터로 파악할 수 있습니다. 기존의 교실 환경에서는 학생 개개인의 학습 과정을 세밀하게 추적하기 어려웠지만, 이 시스템은 학생들의 인지적 발달 과정을 객관적으로 기록하고 분석할 수 있는 토대를 제공합니다.

축적된 데이터를 통해 교사는 학급 전체의 학습 패턴을 파악하고, 어떤 주제가 학생들에게 가장 큰 호기심을 불러일으키는지, 어떤 영역에서 추가적인 학습 지원이 필요한지를 정확히 진단할 수 있습니다. 또한 개별 학생의 질문 변화 추이를 장기간에 걸쳐 관찰함으로써, 그 학생의 학습 성장과 관심사 변화를 체계적으로 모니터링할 수 있습니다. 이러한 정보는 개별 상담이나 학부모 면담 시 구체적이고 객관적인 근거 자료로 활용되어, 더욱 정확하고 개인화된 교육적 조언을 제공할 수 있게 합니다.

특히 "새롭게 알게 된 점"과 "더 알고 싶은 점"에 대한 학생들의 성찰 내용은 교사에게 학생들의 메타인지 발달 수준과 학습 동기 변화를 이해할 수 있는 귀중한 통찰을 제공합니다. 교사는 이 데이터를 바탕으로 수업 설계를 개선하고, 학생들의 실제 궁금증과 학습 욕구에 부응하는 교육 내용을 구성할 수 있습니다. 이는 데이터 기반 개인화 교육의 실질적 구현이며, 교사와 학생 모두에게 더 효과적이고 의미 있는 학습 경험을 창출하는 강력한 도구가 됩니다.

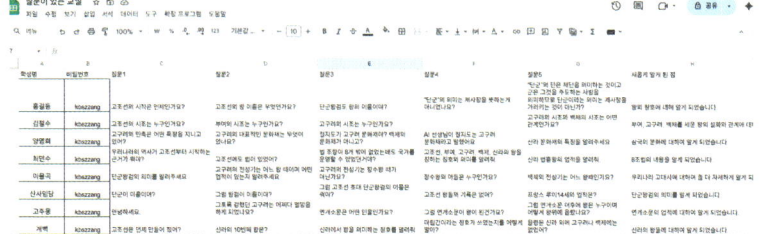

[그림 3] 학생들의 질문이 저장된 스프레드시트 화면

2. 질문이 있는 교실 앱 제작하기

1) 질문이 있는 교실 앱 제작 요청서

학생들이 한국사 학습을 마친 뒤 AI 선생님과 5회 질문·답변을 주고받으며 심화하고 자기주도적 학습을 기르는 웹 앱 '질문이 있는 교실'을 만들어줘. Google Apps Script로 프론트엔드와 백엔드를 분리하여 코드를 작성해 줘. 프론트엔드에는 학생이 학번과 이름을 입력해 접속할거야. 접속 시 '안녕하세요, OOO학생! 다섯 번의 질문을 통해 한국사 단원을 더 깊이 이해해 봅시다. 첫 번째 질문부터 시작할까요?'라는 안내가 나오고, 학생이 궁금한 점을 입력하면 답변을 제공해. 이후 재질문과 재답변을 반복하여 총 5회 진행하고 이 후 '새롭게 알게 된 점'과 '더 알고 싶은 점'을 기록하는 창을 제공하여 학습성찰을 유도해. 하단 버튼을 누르면 AI 역사 선생님(초등 5학년 담당, 친근·친절·지식 풍부)이 학생의 질문과 성찰을 검토해 맞춤 피드백을 작성합니다. 피드백 완료 후 학습 내용을 A4 한 장으로 정리해 PDF로 저장하는 버튼을 제공해(질문·답변·피드백 포함).

백엔드에는 학생 로그인 기록, 5개의 질문, 학습 성찰을 구글 스프레드시트에 저장이 되어야 해. 스프레드시트 헤더는 타임스탬프, 학번, 이름, 질문1~질문5, 새롭게 알게 된 점, 더 알고 싶은 점으로 구성되어야 해.

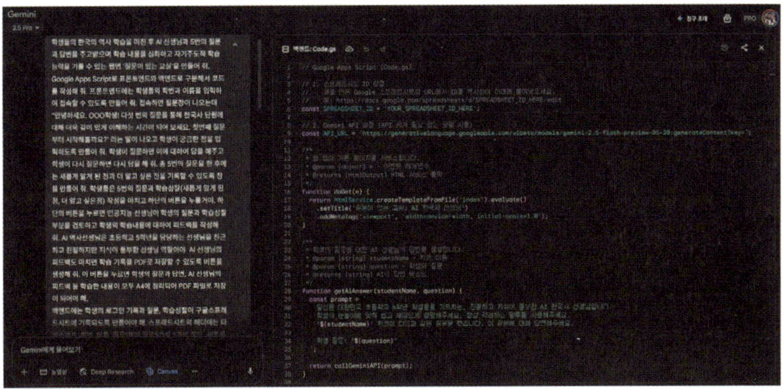

[그림 4] 앱 제작을 위한 프롬프트 입력 모습

완성도를 높이는 추천 프롬프트

- 메인채팅화면: 스크롤 가능한 대화 내용 표시 영역 / 질문 입력창과 전송 버튼을 포함하는 하단 입력 영역 / 학습 성찰 내용 입력을 위한 영역(초기에는 숨김) / 학습 성찰 내용 입력을 위한 영역(초기에는 숨김) / 최종 피드백 및 PDF 저장 버튼 표시 영역(초기에는 숨김)
- 질문 단계: 5회의 질문/답변이 완료될 때까지 질문 입력창을 표시한다.
- 성찰 단계: 5회차 답변이 완료되면, 질문 입력창을 숨기고 성찰 입력 영역을 표시
- 스타일링: Tailwind CSS를 사용하여 현대적이고 깔끔한 UI를 구현한다.
- 학생의 질문과 이름을 받아 Gemini API에 답변 생성을 요청
- 각 근거에 구체적인 설명과 실제 사례 포함
- 학교급(초등/중등/고등) 눈높이에 맞는 어휘와 문체 사용

2) 웹 앱 최초 배포 및 실행 가이드

Gemini에서 제작한 프론트엔드(index.html) 및 백엔드(Code.gs) 코드를 Google Apps Script 환경에 설정하고 웹 앱으로 배포합니다.

3. 질문이 있는 교실 앱 활용하기

학생들과 질문이 있는 교실 앱을 사용할 때 몇 가지 활용 팁이 있습니다.

① 작은 호기심도 소중하게 생각합니다. 가장 기본적이고 단순해 보이는 질문이 종종 가장 깊은 탐구로 이어집니다.

② 꼬리에 꼬리를 무는 질문을 하도록 유도하세요. 앞의 질문과 연관이 없는 질문들을 하는 것은 학생들의 호기심은 충족시킬지언정 학생들의 사고를 깊이 있게 하지 못합니다. 인공지능의 답변을 읽고 생긴 궁금증을 다시 질문하는 것을 통해 깊게 사고할 수 있도록 해주세요.

③ 학생들이 질문 할 때에는 구체적이고 명확하게 표현하도록 합니다. 명확한 질문은 명확한 답변을 가져오고 더 정확한 다음 질문으로 연결이 됩니다.

④ 다른 학생들의 질문도 공유해주세요. 같은 주제에 대하여 다른 친구들은 어떤 질문을 했는지 살펴보는 것은 학생들의 지적 호기심을 넓히는데 도움이 됩니다. 또한 전혀 다른 관점에서의 접근법을 발견할 수 있고, 이는 자신의 사고 영역을 확장하는 좋은 자극이 됩니다.

⑤ 인공지능의 총평을 다음 학습법의 출발점으로 활용합니다. 세션이 끝난 후 받는 AI의 총평과 조언을 그냥 읽고 넘어가지 말고, 다음 질문 세션의 방향 설정에 적극 활용하세요. 이는 지속적인 학습 개선과 성장의 나침반 역할을 합니다.

학습한 내용을 스스로 질문하는 것은 단순한 복습을 넘어서 진정한 이해와 체화로 이어지는 강력한 학습 전략입니다. 자신이 배운 내용에 대해 "왜?", "어떻게?", "만약에?"라는 질문을 던지는 순간, 피상적으로 받아들였던 지식이 깊이 있는 통찰로 전환됩니다. 이러한 자기 질문 과정은 학습자로 하여금 지식의 빈틈을 발견하게 하고, 더 정확하고 완전한 이해를 추구하도록 동기를 부여합니다.

특히 "질문이 있는 교실"과 같은 도구를 통해 체계적으로 질문하는 습관을 기르게 되면, 학습자는 평생에 걸쳐 스스로 성장할 수 있는 자기 주도적 학습 능력을 갖추게 됩니다. 결국 질문하는 학습자는 지식을 소비하는 수동적 존재가 아니라, 지식을 생산하고 재창조하는 능동적 탐구자로 거듭나게 되며, 이것이야말로 미래 사회가 요구하는 진정한 학습자의 모습이라 할 수 있습니다.

Firebase

Firebase는 아이디어부터 앱 개발, 배포까지 한 번에 이어주는 개발 플랫폼입니다. Firebase Studio에서는 Genkit으로 아이디어를 구현하고, Firebase Console에서는 로그인이나 데이터 저장 같은 백엔드를 쉽게 붙일 수 있습니다. 덕분에 복잡한 설정 없이도 아이디어를 빠르게 시험하고 실제 서비스로 키워갈 수 있습니다.

Firebase Studio + Firebase Console

나의 생물 관찰 일지

  어떤 대상을 깊이 있게 관찰하는 것은 곧 과학적 탐구의 시작입니다. 특히 우리 주변에서 함께 살아가는 생물을 관찰하는 일은 단순히 생물에 대한 지식을 쌓는 것을 넘어, 생물에 대한 경외심과 공감 능력을 기르는 소중한 경험이 됩니다. 이러한 활동을 통해 학생들은 환경과 더불어 살아가야 하는 미래 세대로서 책임과 지혜를 배울 수 있습니다.

  하지만 실제로 교실에서 생물 관찰 수업을 진행하다 보면 여러 가지 어려움에 부딪히게 됩니다. 생물 관찰의 특성상 다양한 장소에서 오랜 기간에 걸쳐 이루어지기 때문에, 매번 일지와 필기구를 지참하는 일 자체가 학생들에게 큰 부담이 됩니다. 정성껏 작성한 일지가 훼손되거나 분실되는 일도 잦고, 담임교사 혼자서 20~30명의 일지를 꼼꼼히 살피고 개별적으로 피드백을 제공하는 것 또한 굉장히 벅찬 일입니다.

  '나의 생물 관찰 일지'는 이러한 어려움을 해결하고자 개발된 인공지능 기반 생물 관찰 일지 작성 웹 앱입니다. 학생들은 디지털 디바이스를 활용하여 언제 어디서나 손쉽게 관찰 일지를 작성 및 저장하고, 교사는 대시보드를 통해 학생들의 관찰 일지를 효율적으로 관리할 수 있습니다. 또한 피드백과 챗봇, 생물 도감 등 다양한 인공지능 기반 기능으로 생물 관찰과 관련된 정보와 도움을 제공합니다. 이를 통해 학생들은 우리 주변의 생물과 더욱 가까이 마주하고, 보다 깊이 있는 탐구 기회를 가질 수 있을 것입니다.

1. 나의 생물 관찰 일지의 특징

1) 언제 어디서나 함께 하는 디지털 생물 관찰 일지

관찰의 순간은 예측할 수 없이 찾아옵니다. 그러나 종이와 필기구를 활용하여 관찰 일지를 작성하던 기존의 방식으로는 이러한 찰나의 순간을 포착하는 데 제약이 많습니다. 이러한 아쉬움을 해결하고자 개발된 '나의 생물 관찰 일지'는 학생들이 언제 어디서나 디지털 디바이스를 활용하여 간편하게 생물 관찰 기록을 남길 수 있도록 돕습니다. 학생은 관찰한 생물의 사진을 첨부하거나 카메라로 사진을 촬영하여 생물을 더욱 생생하게 기록하고, 관찰 내용 및 소감을 현장에서 바로 작성하여 안전하게 저장할 수 있습니다. 또한 타이핑이 익숙하지 않은 어린 학생들을 위해 음성 인식 기능과 손글씨 인식 기능(OCR)을 제공하여, 누구나 쉽고 편리하게 관찰의 순간을 기록할 수 있도록 지원합니다. 이처럼 웹 앱을 활용한 디지털 관찰 일지 작성은 기존의 번거로운 기록 방식을 혁신적으로 개선하여 관찰의 경험을 더욱 자유롭고 편리하게 만들어 줍니다.

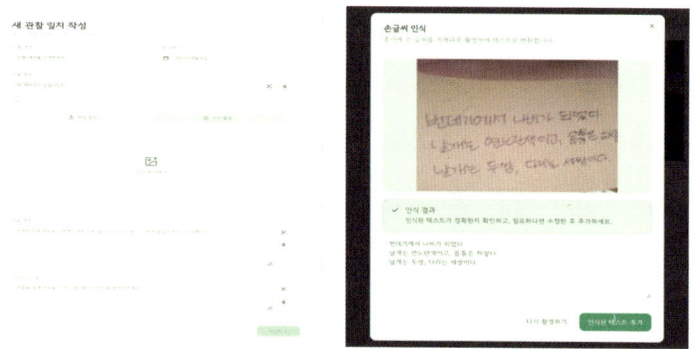

[그림 1] 관찰 일지 작성 화면

교사 역시 디지털 관찰 일지 작성을 통해 더욱 효율적으로 교육 활동을 관리하게 됩니다. 교사는 대시 보드에서 간단하게 학급과 학생을 등록 및 관리하고, 학생들의 활동 과정을 한눈에 확인할 수 있습니다. 필터링 기능을 활용해 학급별, 학생별, 관찰 대상별 관찰 일지를 분류하여 확인하는 것도 가능합니다. 수십, 수백 장의 종이를 일일이 살펴봐야 했던 이전의 방식보다 훨씬 더 편리하게 학생들의 관찰 활동을 점검하고 지원할 수 있게 된 것입니다.

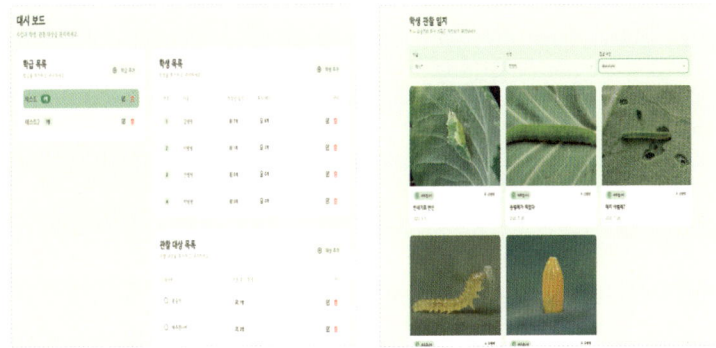

[그림 2] 교사 대시 보드 및 관찰 일지 조회 화면

2) 인공지능의 도움으로 더욱 풍성해지는 생물 관찰

"이 생물의 이름은 뭐지?", "어떤 환경에서 주로 서식할까?" 생물을 관찰하다 보면 자연스럽게 다양한 궁금증이 떠오르곤 합니다. '나의 생물 관찰 일지'는 이러한 궁금증을 즉각적으로 해결할 수 있도록 다채로운 인공지능 기반 기능을 제공합니다. 학생들이 관찰 일지를 작성하면 인공지능이 자동으로 관찰 일지의 사진과 내용, 소감 등을 분석하여 피드백을 제공합니다. 피드백에는 학생들의 관찰에 대한 칭찬과 개선 방안은 물론, 학생들이 관찰 일지에 남긴 궁금증에 대한 답변도 포함됩니다.

[그림 3] 관찰 일지 AI 피드백 화면

AI 생물 박사 챗봇에게 실시간으로 궁금한 점을 질문하는 것도 가능합니다. AI 생물 박사는 관찰 대상에 대해 학생들이 작성한 관찰 일지와 과학적 사실을 기반으로 질문에 대한 답변을 제공합니다.

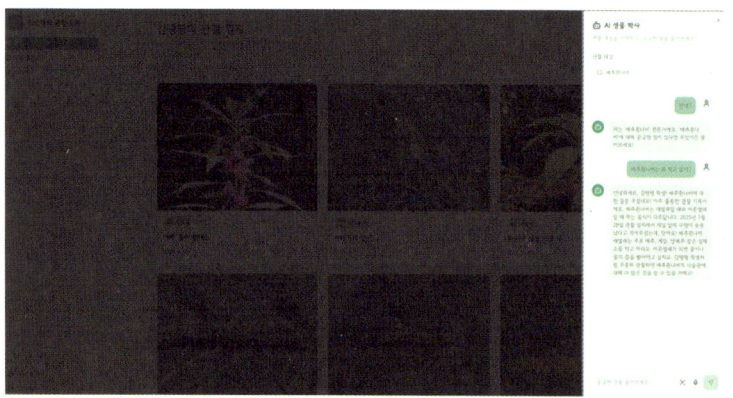

[그림 4] AI 생물 박사 챗봇 화면

우리 주변에서 새로운 생물을 만났을 때는 AI 생물 도감 기능을 활용할 수 있습니다. AI 생물 도감 탭에서 내가 알고 싶은 생물의 촬영한 사진이나 이미지 파일을 업로드하면 인공지능이 자동으로 이미지를 분석하여 해당 생물의 이름과 특징, 생활 방식 등에 대한 구체적인 설명을 제공합니다.

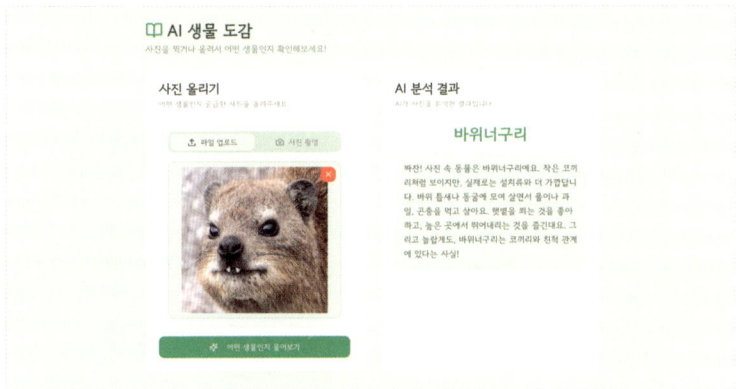

[그림 5] AI 생물 도감 화면

이처럼 '나의 생물 관찰 일지'는 인공지능 기반 기능을 제공함으로써 단순한 기록의 도구를 넘어, 스스로 탐구하고 배우는 능동적 생물 관찰 경험을 지원하는 학습 플랫폼으로 활용할 수 있습니다.

3) 배지 시스템으로 더하는 학습의 즐거움

학생들의 주도적인 학습 참여를 위해서는 동기 부여 전략이 필수적입니다. '나의 생물 관찰 일지'는 배지 시스템을 활용하여 효과적으로 학생들의 주도성을 이끌어 냅니다. 학생들은 작성 관찰 일지 작성 횟수, 연속 작성 일수, 관찰 대상의 수 등 특정 조건이 기준에 도달하면 자동으로 배지를 획득하게 됩니다. 교사는 대시 보드에서 학생들의 배지 획득 현황을 확인하고, 배지 관리 탭에서 학급별 배지를 활성화하거나 비활성화하여 학습 활동의 흐름을 조절합니다. 이러한 배지 제공 시스템을 통해 교사는 학생들의 내재적 동기를 유발함과 더불어, 학생들의 학습 참여 정도를 가시적으로 확인할 수 있습니다.

[그림 6] 학생용 배지 목록 화면

[그림 7] 교사용 배지 목록 화면

2. 나의 생물 관찰 일지 앱 제작하기

1) Firebase를 활용한 앱 제작 방법

가) Firebase 소개

매일 학생들과 함께하는 교실 속에서, 우리는 늘 더 나은 수업을 만들기 위해 고민합니다. 그리고 이러한 고민은 자연스럽게 다양한 교육적 아이디어로 이어지곤 하지요. '우리 반만의 특별한 퀴즈 앱이 있다면 좋을 텐데.', '학생들이 실시간으로 자유롭게 토론할 수 있는 공간이 필요해.', '학습 자료를 좀 더 간편하게 제작할 순 없을까?' 하지만 이러한 반짝이는 아이디어를 실현하기란 쉽지 않았습니다. 전문적인 프로그래밍 지식과 복잡한 개발 과정이 교사들에게 거대한 장벽으로 다가왔기 때문입니다.

그러나 이제 이러한 고민을 말끔히 해결해 줄 혁신적인 도구가 등장했습니다. 바로 Google에서 개발한 차세대 클라우드 기반 통합 개발 환경(IDE)인 Firebase입니다. Firebase는 복잡한 소프트웨어 설치 없이도 웹 브라우저만 있다면 언제 어디서나 개발을 시작할 수 있도록 설계되었습니다. 또한 인공지능 지원 도구를 제공하여 개발에 대한 전문적인 지식 없이도 누구나 자신의 아이디어를 앱으로 구현하고 배포할 수 있습니다.

뿐만 아니라 프론트엔드, 백엔드, 데이터베이스, 사용자 인증 등 앱 개발에 필요한 수많은 요소들을 하나의 통합된 워크스페이스에서 제공함으로써 초보자도 직관적으로 개발 흐름을 따라갈 수 있는 최적의 환경을 갖추고 있습니다. 더 이상 코드를 일일이 작성하거나 여러 서비스를 복잡하게 연결할 필요 없이, 아이디어 그 자체에만 집중할 수 있게 되었습니다.

Firebase의 개발 환경은 크게 Studio와 Console로 구분됩니다. Firebase Studio는 인공지능의 도움을 받아 앱의 코드를 작성하고 기능을 구현하며, UI/UX를 창작하는 개발 환경입니다. 그러나 Studio에서 아무리 훌륭한 코드를 작성하더라도 실제로 앱을 작동시키고 배포하기 위해서는 반드시 Firebase 프로젝트를 생성해야 합니다. Studio에서 작성하는 코드가 앱의 설계도라면, Firebase 프로젝트는 그 설계도를 바탕으로 앱을 구현하는 데 필요한 모든 백엔드 서비스를 담은 '중앙 컨테이너' 역할을 합니다. Firebase Console은 프로젝트와 앱을 관리하는 핵심 운영 도구입니다. 개발자는 Console에서 데이터베이스의 내용을 확인하고, 스토리지에 업로드된 파일을 관리하며, 사용자 인증 현황을 모니터링하는 등 프로젝트와 앱의 전반적인 상태를 제어할 수 있습니다. 이처럼 Firebase는 Studio에서 앱을 만들고, 이를 프로젝트에 등록하고 배포한 뒤 Console을 통해 모든 것을 관리하는 유기적이고 통합적인 구조로 이루어져 있습니다.

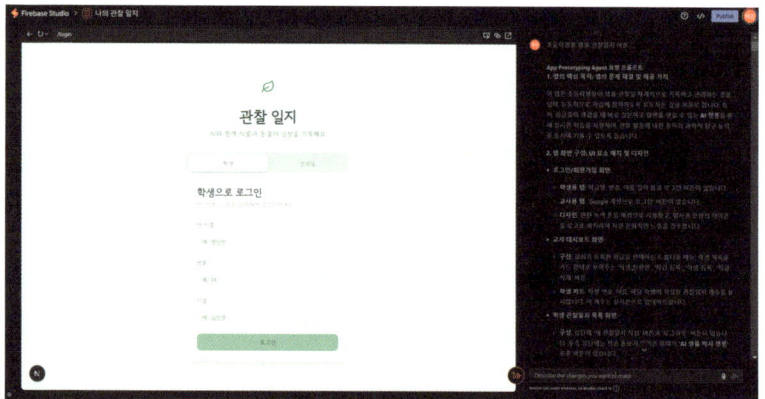

[그림 8] Firebase Studio 개발 화면

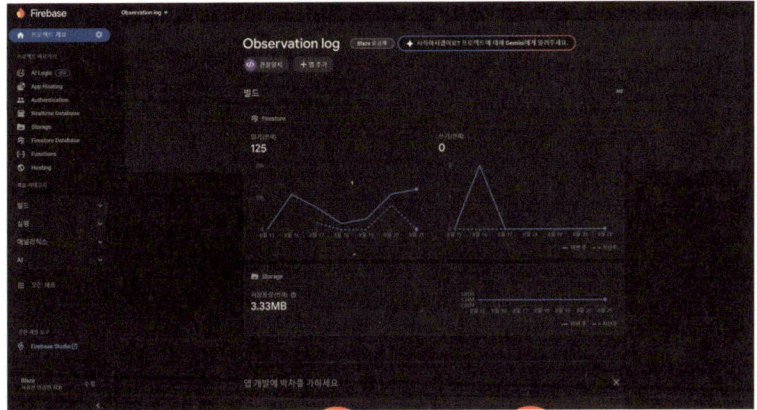

[그림 9] Firebase Console 개발 화면

나) Firebase를 활용한 앱 제작 과정

① 아이디어 구체화: 프로토타입 제작

Firebase Studio의 강점 중 하나는 App Prototyping Agent를 활용해 앱의 초기 버전을 빠르게 구현할 수 있다는 점입니다. 사용자가 만들고자 하는 앱의 기능과 화면 구성을 자연어로 상세하게 설명하면, 인공지능이 이를 바탕으로 UI/UX 컴포넌트와 기본적인 로직을 갖춘 프로토타입을 순식간에 생성해 줍니다. 이 기능은 앱 기획 초기 단계에서 아이디어를 빠르게 구체화하고, 개발 방향을 설정하는 데 큰 도움이 됩니다.

② 개발 환경 준비: 환경 설정 및 배포

개발 환경 준비의 첫 번째 단계는 환경 변수 설정입니다. 환경 변수란 앱이 실행되는 환경에 따라 달라지는 중요한 설정값으로, 주로 보안이 필요한 정보나 외부 서비스 연동 정보를 코드 외부에 저장하여 안전하게 관리하는 데 사용됩니다. API key가 환경 변수의 대표적인 예입니다. Firebase studio에서는 'Auto-generate' 버튼을 눌러 Gemini API key를 자동 생성할 수 있지만, 앱의 안정성과 지속성을 위해서는 Google AI Studio에서 API key를 직접 발급 받아 사용하는 것을 권장합니다. API key를 입력한 후에는 Firebase 프로젝트를 생성하고, 앱을 등록하여 초기 버전을 배포하는 과정을 거쳐야 합니다. 개발 환경과 배포 환경에는 차이가 존재하므로, 앱을 완성한 후에 배포를 진행하게 되면 앱 등록 자체에 오류가 발생하거나 대대적인 수정이 필요할 수 있습니다. 따라서 개발 과정의 안정성을 높이기 위해서는 개발 초기부터 주기적으로 배포를 진행하여 예상치 못한 오류를 즉시 발견하고 해결하는 것이 좋습니다.

③ 기능 완성: 바이브 코딩

한 번에 완벽한 앱을 만드는 것은 사실상 불가능에 가깝습니다. 프로토타입은 어디까지나 초기 버전이기 때문에, 예상치 못한 오류가 발생하거나 기능이 원하는 대로 작동하지 않는 경우가 생기기 마련입니다. 때문에 문제를 해결하고 기능을 고도화하는 과정이 반드시 필요합니다. 하지만 Firebase에서는 이 과정도 결코 복잡하지 않습니다. 인공지능에게 자연어로 명령을 내리는 '바이브 코딩'을 통해 쉽고 간단하게 오류를 수정하고 기능을 체계화하여 앱을 완성할 수 있습니다.

④ 앱 출시: 최종 점검 및 배포

앱 개발이 마무리되었다면, 이제는 정식으로 앱을 서비스하기 위한 최종 점검을 진행할 차례입니다. Firebase 프로젝트와의 연동이 안정적으로 이루어졌는지 확인하고 데이터베이스, 스토리지, 사용자 인증 등 백엔드 서비스가 원활하게 작동하는지 면밀하게 살펴봐야 합니다. 보안 규칙이 적절하게 설정되었는지도 꼼꼼히 검토해야 하죠. 모든 점검을 마친 후에는 최종 빌드 및 배포를 진행합니다. 몇 번의 클릭만으로, 여러분의 아이디어가 전 세계 사용자에게 공유되는 마법 같은 순간이 펼쳐지게 될 것입니다.

2) 나의 생물 관찰 일지 웹 앱 제작

가) 아이디어 구체화

① 기능 명세서 작성하기

앱 개발의 첫걸음은 '무엇을 만들 것인가'에 대한 명확한 컨셉을 정하고, 이를 바탕으로 기능 명세서를 작성하는 것입니다. 기능 명세서란 구현하고자 하는 서비스에 대해 구체적으로 정리한 것으로, 해당 서비스의 기능을 세분화하여 정의하고 동작 조건과 흐름 등을 명확하게 정리한 문서를 의미합니다. 아이디어를 실현하기 위한 하나의 청사진과도 같은 것입니다.

그렇다면, 기능 명세서는 어떻게 작성해야 할까요? 인공지능 도구를 활용하면 보다 효율적으로 기능 명세서를 작성할 수 있습니다. 먼저, Gemini에게 개발하고자 하는 서비스에 대해 명확히 설명합니다. 이어서 기능 명세서의 구체적인 형식을 제시하고, 해당 형식에 맞게 서비스의 기능 명세서를 작성해달라고 요청합니다. 이때, 서비스의 목표와 맥락, 핵심 기능 등을 최대한 구체적이고 상세하게 전달해야 더욱 적절한 기능 명세서를 작성할 수 있습니다.

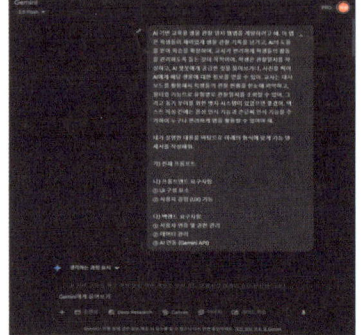 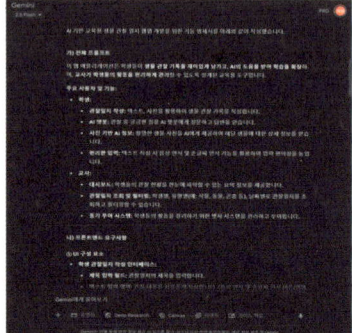

[그림 10] Gemini 프롬프트 및 기능 명세서 예시

    UI는 기능 명세서만으로는 사용자가 원하는 느낌을 구체적으로 전달하기 어려운 경우가 많습니다. 이럴 때는 Gemini Canvas 기능을 활용하면 쉽고 간단하게 시각적 예시 자료를 생성할 수 있습니다. 예를 들어, "학생용 관찰일지 웹 앱 화면을 구성해 줘. 사이드에는 메뉴 탭이 있고, 학생용 메인 화면에는 학생이 작성한 관찰일지가 그리드 형태로 제시되도록 해 줘. 메인 컬러는 녹색 계열로 하고 학생 눈높이에 맞게 아기자기한 디자인으로 제작해 줘."와 같은 프롬프트를 입력하면 Gemini가 이에 맞는 화면 구성 예시 자료를 제안해 줍니다. 이렇게 만들어진 예시 이미지를 캡처하여 Firebase의 App Prototyping Agent에 업로드하면, 내가 의도한 UI를 보다 손 쉽게 구성할 수 있습니다.

[그림 11] Gemini Canvas를 활용한 UI 예시 자료 생성하기

② 프로토타입 생성 및 수정하기

Gemini를 활용하여 기능 명세서와 UI 예시 자료를 만들었다면, 이제 본격적으로 Firebase에서 프로토타입을 생성할 시간입니다. Firebase Studio의 시작 화면에 작성한 기능 명세서를 붙여 넣고 버튼을 누르면 단 몇 초 안에 초기 프로토타입 계획서인 App Blueprint를 생성해 줍니다.

[그림 12] App Prototyping Agent의 프로토타입 생성하기

App Blueprint 우측 상단의 Customize 버튼을 클릭하면 App Prototyping Agent가 생성한 프로토타입 계획을 수정할 수 있습니다. App Blueprint는 크게 기능(Features)과 스타일(Style guidelines)로 구성되어 있습니다. 프로토타입의 기능 섹션에서 의도한 대로 구현되지 않았거나 생략된 기능이 있다면 내용을 수정하거나 추가합니다. 예를 들어, '한국어 웹 앱으로 생성'과 같은 조건을 추가하여 언어를 설정할 수 있습니다. 스타일은 앱의 메인 색상과 레이아웃, 폰트, 아이콘, 애니메이션 등 UI의 다양한 요소를 정의하는 섹션입니다. 구현하고자 하는 UI의 느낌에 맞게 스타일 섹션의 내용을 적절히 수정 및 추가합니다. 시각적인 요소들을 텍스트로 설명하는 데 한계가 있다면, Gemini canvas로 제작한 예시 자료 등 참고할 만한 UI 이미지를 업로드하는 것이 좋습니다. 이때, 어떤 기능을 구현한 화면인지 설명을 덧붙여주면 더욱 정확한 결과물을 얻을 수 있습니다. App Blueprint를 완성했다면 우측 하단의 'Prototype this App'을 눌러 최종 프로토타입을 생성합니다.

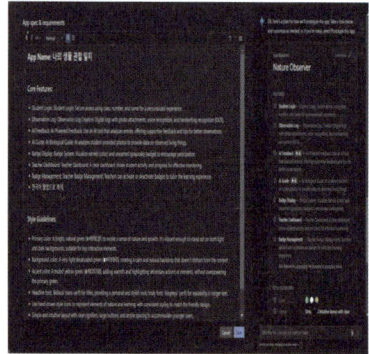 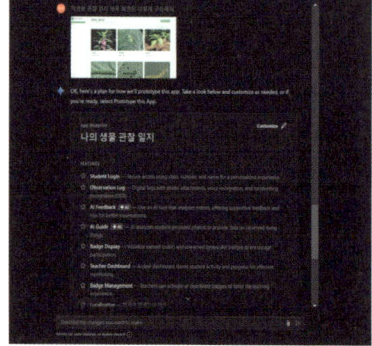

[그림 13] App Blueprint 수정하기

나) 개발 환경 준비

① API key 등록하기

프로토타입이 완성되면 Firebase에서는 인공지능 기능을 구현하기 위해 Gemini API key를 등록하도록 안내합니다. 간혹 인공지능 기능을 활용하지 않는 경우는 이 과정을 생략하셔도 괜찮습니다. Gemini API key는 Google AI Studio에서 발급받을 수 있으며, 안내 메시지의 파란색 하이퍼링크(Gemini API key)를 클릭하면 바로 해당 페이지로 연결됩니다. 발급받은 API key를 복사하여 입력창에 붙여 넣으면, Firebase가 자동으로 '.env' 파일을 생성하고 API key를 안전하게 저장해 줍니다.

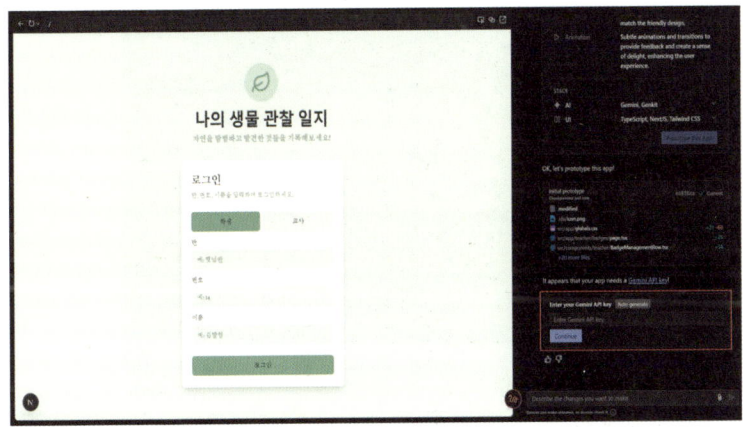

[그림 14] API key 등록 화면

② Firebase 프로젝트 생성 및 앱 배포하기

Firebase Studio 우측 상단의 Publish 버튼을 클릭하면 자동으로 프로젝트가 생성되고, 앱 배포가 시작됩니다. 이때, 앱을 배포를 하기 위해서는 반드시 구글 클라우드 결제 계정을 연결해야 합니다. 구글 결제 계정이 없는 경우 'Create a Cloud Billing account' 버튼을 클릭하고 신용카드 또는 체크카드 정보를 입력하여 새 계정을 생성할 수 있습니다. 기본 제공 사용량이 넉넉한 편이므로 대다수의 경우 비용이 청구되지 않지만, 과금 가능성에 대비해 사용량 모니터링, 결제 한도 및 알림 설정을 해 두는 것이 안전합니다. 배포 과정에서 오류가 생기는 경우, Studio의 인공지능에게 오류 해결을 요청해야 합니다. App overview에 뜬 배포 실패 창 좌측 하단의 'View details'를 클릭하여 Console의 App hosting 화면으로 이동합니다.

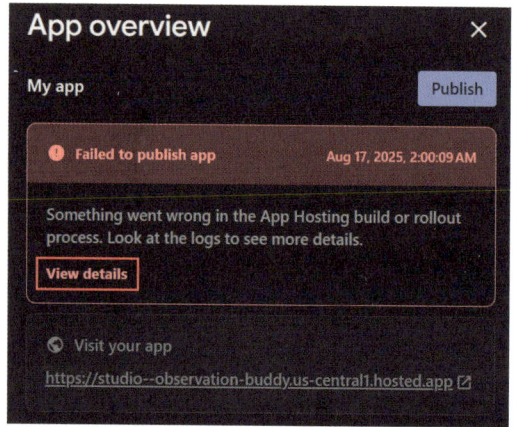

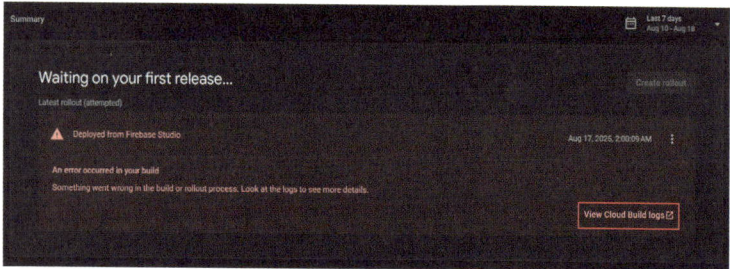

[그림 15] 빌드 오류 해결 화면(1)

다음으로, Summary 섹션의 배포 실패 안내 창 우측 하단에 있는 'View Cloud Build Logs' 버튼을 클릭해 구글 클라우드 콘솔의 빌드 로그 화면으로 넘어갑니다. 그중 가장 상단의 Build Summary를 클릭하고 우측에 있는 빌드 로그를 전체 선택하여 복사합니다.

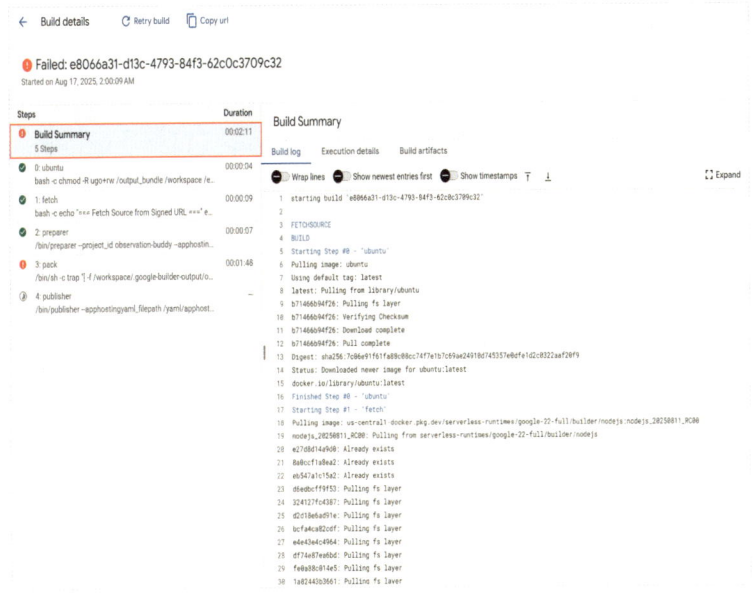

[그림 16] 빌드 오류 해결 화면(2)

이 빌드 로그에는 어떤 부분에서 배포 오류가 생겼는지에 대한 구체적인 단서가 포함되어 있습니다. 복사한 내용을 Firebase studio prototyper에 붙여 넣고, 빌드 오류를 수정해줄 것을 요청합니다. 그러면 인공지능이 빌드 로그를 분석하여 앱의 코드를 자동으로 수정해 줍니다. 이와 같은 과정을 몇 번 반복하다 보면 오류를 해결하고 앱 배포를 성공적으로 진행할 수 있게 됩니다.

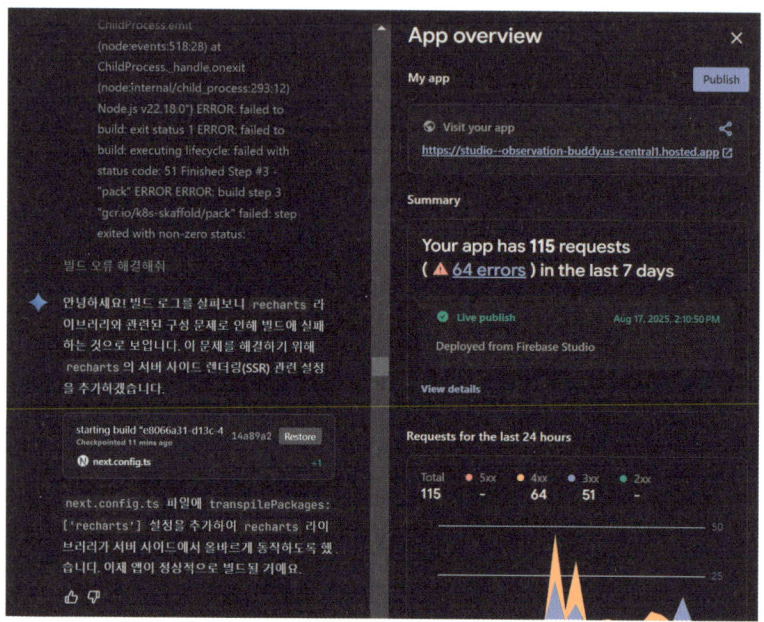

[그림 17] 빌드 오류 해결 화면(3)

③ 백엔드 연결하기

프로젝트 생성만으로는 앱에 백엔드 서비스를 연결할 수 없습니다. 데이터베이스, 스토리지, 사용자 인증 등의 백엔드 서비스를 앱에서 활용하려면 프로젝트의 구성 정보를 코드에 반영하는 과정이 필요합니다. 프로젝트 구성 정보는 Console의 프로젝트 설정 페이지에서 확인할 수 있습니다. 이를 복사한 뒤, Studio Prototyper에 구성 정보를 입력하고 코드에 반영해달라고 요청하면 인공지능이 자동으로 환경 변수 형식을 생성하고 해당 환경 변수를 활용하는 코드를 추가해 줍니다. 이제 개발 환경 준비는 모두 마무리되었습니다.

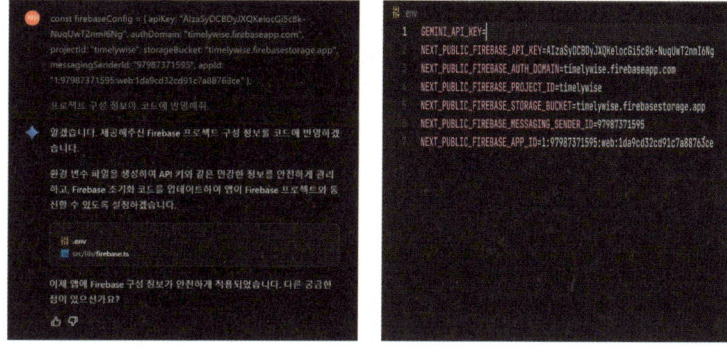

[그림 18] Studio Prototyper에서 프로젝트 구성 정보 반영하기

다) 기능 완성 및 앱 출시

① 기능 완성하기

바이브 코딩 기반의 Studio Prototyper에서는 사람과 대화하듯 자연어로 자신의 의도를 설명하여 기능을 구현할 수 있습니다. 예를 들어, 관찰 일지 작성 시 손글씨 인식 기능(OCR)을 추가하고 싶다면 다음과 같이 요청합니다. "관찰 일지 작성 시 손글씨 인식 기능(OCR)을 추가하고 싶어. 아직 코드는 수정하지 말고, 구현 방식을 제안 및 설명해 줘." 인공지능의 제안이 마음에 드는 경우 코드 수정 및 기능 구현을 요청하고 좌측의 테스트 화면에서 기능이 정상적으로 작동하는지 즉각적으로 확인할 수 있습니다. 기능을 구현하는 과정에서 오류 메시지가 뜨면 Fix Error 버튼을 눌러 간단하게 인공지능에게 오류 해결을 요청할 수 있습니다. 만약 코드를 직접 수정하고 싶은 경우 우측 상단의 Switch to code 버튼(화살표 모양 아이콘)을 클릭하여 코드 탐색기 화면으로 전환한 뒤, 원하는 코드 파일을 선택해 내용을 수정할 수 있습니다.

[그림 19] Studio Prototyper에서 바이브 코딩으로 기능 구현하기

② 앱 출시하기

앱의 모든 기능을 구현했다면, 정식 출시 전에 최종 점검을 철저히 진행해야 합니다. 이 과정에서 Studio의 인공지능을 활용하면 보다 효율적이고 체계적으로 앱을 점검할 수 있습니다. 우선, 사용자의 데이터가 안전하게 보호되는지 확인하기 위해 Console에서 데이터베이스와 스토리지의 보안 규칙을 복사하여 점검을 요청합니다. 또한, 과금 발생 가능성이 있는 요소들을 파악하고, 효율적인 비용 관리를 위해 기능을 최적화합니다. 예를 들어, 스토리지에 이미지를 저장할 때 파일 크기를 자동으로 줄여주는 기능을 추가하면 효과적으로 비용을 절감할 수 있습니다. 마지막으로, 테스트 화면을 통해 앱이 의도한 대로 작동하는지 확인합니다. 이때, 앱의 주요 기능을 기반으로 인공지능에게 테스트 시나리오를 제안받으면 더욱 면밀하게 사용자 경험(UX)을 점검할 수 있습니다. 점검을 모두 마쳤다면, Publish 버튼을 다시 눌러 최종 배포를 진행합니다.

3) 나의 생물 관찰 일지 웹 앱 제작 프롬프트 사례

나의 생물 관찰 일지 웹 앱을 제작하기 위해 사용했던 프롬프트 예시입니다. 프로토타입을 제작하기 위한 프롬프트는 기능을 명확하게 제시하는 것이 중요합니다. 다만, 처음부터 Firebase 데이터베이스 연동과 같은 복잡한 백엔드 요구사항을 포함할 경우 초기 배포에서 오류가 발생할 가능성이 높아집니다. 따라서 아래와 같은 프롬프트로 핵심 기능을 포함한 프로토타입을 먼저 제작하고 초기 배포를 완료한 후, [완성도를 높이는 추천 프롬프트]를 참고하여 프론트엔드 및 백엔드 기능을 단계적으로 추가해 나가는 방식을 추천합니다.

> 초등학생을 위한 AI 기반 생물 관찰일지 웹 앱을 제작합니다. 이 앱은 학생과 교사의 역할을 명확히 분리하여 각자에게 최적화된 경험을 제공합니다. 학생은 생물을 관찰한 후 관찰 일지를 작성합니다. 이때, 텍스트 입력 외에 사진 첨부나 음성 인식 및 손글씨 인식 기능을 활용해 관찰 경험을 기록할 수 있습니다. 관찰 일지를 작성하면 인공지능이 관찰 일지의 내용을 분석해 칭찬과 조언을 제공합니다. 교사는 학급 활동 현황을 한눈에 볼 수 있는 대시보드로 학생들을 효율적으로 관리하도록 합니다. 또한 학생들의 동기 부여를 위해 참여도에 따라 자동으로 배지가 지급되는 시스템을 구현합니다. 학생과 교사가 생물과 관련된 궁금증을 해결할 수 있도록 인공지능 기반의 다양한 기능을 제공합니다. AI 생물 박사 챗봇은 과학적 사실과 관찰 일지 내용을 바탕으로 질문에 대한 답변을 생성합니다. AI 생물 도감은 사용자가 업로드한 사진을 분석해 해당 생물의 이름과 함께 구체적인 설명을 제공합니다.

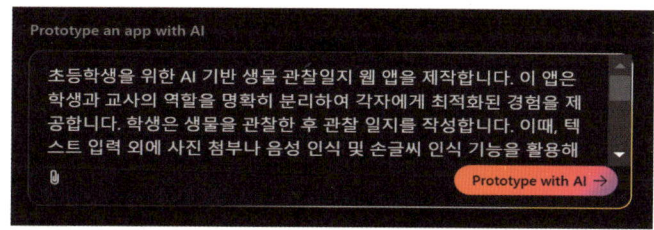

[그림 20] 앱 제작을 위한 프롬프트 입력하기

완성도를 높이는 추천 프롬프트

◆ 프론트엔드 요구사항

① UI 구성 요소
- 학생 경험: 로그인(학급명, 번호, 이름), 관찰 일지 작성, 작성한 관찰 일지 목록 조회, 생물 도감, 나의 배지, AI 생물 박사 챗봇 팝업.
- 교사 경험: Google OAuth 로그인, 대시보드(학급, 학생, 관찰 대상 목록), 관찰 일지 필터링, 배지 관리(학급별 활성화/비활성화), AI 생물 박사 챗봇 팝업.

② 사용자 경험(UX) 기능
- 쉬운 사용성: 단순하고 직관적인 디자인으로 사용 편의성 확보, 음성 및 손 글씨(OCR) 인식으로 기록 편의성 극대화.
- 즉각적 피드백: 진행 상황에 따른 즉각적인 토스트 알림 제공, 대기 시 로딩 상태를 시각적으로 표시하여 사용 경험 개선.
- 효율적 관리: 대시보드를 통해 학급 및 학생의 관찰 활동 현황을 일목요연하게 파악하는 관리 도구 제공.

◆ 백엔드 요구사항
- 인증/권한: 교사 Google 로그인, 학생은 정보 기반 간소화된 인증.
- 데이터 관리: 관찰 일지, 학급 목록 등 중요한 데이터는 Firebase 데이터베이스 및 스토리지에 저장.
- AI 연동(Gemini API): Next.js 서버 액션을 통해 AI 피드백, 생물 도감, 챗봇 기능 구현.
- 음성/손글씨 인식: Web Speech API 및 Gemini의 멀티모달 기능 활용.
- 기타: 이미지 업로드 시 sharp 라이브러리로 성능 최적화. 모든 서버 로직은 Next.js Server Actions로 구현하여 보안 강화.

3. 나의 생물 관찰 일지 앱 활용하기

'나의 생물 관찰 일지'를 교실에서 활용할 때의 몇 가지 팁입니다.

① 깊이 있게 탐구하는 생물의 성장: '나의 생물 관찰 일지'는 과학 교과의 생물의 한 살이 단원이나 실과 교과의 동물 사육 및 식물 재배 활동과 같이 장기간에 걸쳐 생물의 성장 과정을 관찰해야 하는 수업에 특히 효과적인 도구입니다. 씨앗이 발아하고 새싹이 자라나 꽃을 피우기까지의 과정, 애벌레가 번데기를 거쳐 성충으로 성장하는 과정 등을 꾸준히 기록하며 학생들은 생명의 신비와 소중함을 자연스럽게 배우게 됩니다. 관찰이 마무리되면, 작성한 관찰 일지들을 바탕으로 최종 보고서를 스스로 작성해보게 하는 것도 의미 있는 교육 활동이 될 수 있습니다.

② 생물 관찰로 느끼는 계절의 변화: '나의 생물 관찰 일지'는 학급 단위로 관찰 대상을 설정하고 관리할 수 있는 기능을 제공하여, 학생들이 공동의 목표를 중심으로 관찰 활동에 참여할 수 있도록 유도합니다. 이러한 기능을 활용하면 계절의 흐름에 따른 자연의 변화를 체험하는 교육을 효과적으로 기획할 수 있습니다. 예를 들어 교사가 봄에는 '개나리', 여름에는 '매미', 가을에는 '은행나무', 겨울에는 '철새'와 같이 계절별 대표 생물을 관찰 대상으로 등록해 두면, 학생들은 해당 시기의 자연 속 생물들을 집중적으로 관찰하고 기록하게 됩니다. 이처럼 계절의 흐름을 바탕으로 생물을 꾸준히 관찰하도록 함으로써, 학생들은 자연의 변화를 더욱 생생하게 체감하며 생태 감수성을 기를 수 있습니다.

③ 교사의 조력자로서 활용하는 인공지능: '나의 생물 관찰 일지'에서 제공하는 다양한 인공지능 기반 기능들은 단순히 학생들의 학습을 지원하는 것을 넘어, 교사의 수업 설계와 운영을 효과적으로 지원하는 조력자로서도 큰 역할을 합니다. 특히 교사용 AI 생물 박사 챗봇은 교사의 교육 활동을 보조하도록 설계되어 있어 수업 준비와 지도 과정에서 유용하게 활용할 수 있습니다. 예를 들어, 학생들의 관찰 기록에서 자주 등장하는 질문이나 어려움을 분석해 효과적인 지도 전략을 수립할 수 있습니다. 또한, 인공지능이 반복적이고 시간 소모적인 피드백을 대신 제공해 주기 때문에, 교사는 수업의 본질에 더욱 집중하고 창의적인 수업 운영에 에너지를 쏟을 수 있습니다.

길거리를 걷다 보면, 고개를 푹 숙인 채 스마트폰 화면만 쳐다보며 걸어가는 학생들을 쉽게 찾아볼 수 있습니다. 이러한 모습 속에서, '나의 생물 관찰 일지'는 오히려 기술을 통해 자연과 가까워질 수 있다는 새로운 가능성을 제시합니다. 부디 학생들이 화면 속 단조로운 시선에서 벗어나 생명의 신비와 아름다움을 관찰하고 기록하며 자연과의 연결을 다시 회복하기를 바랍니다.

(+) Firebase 앱 제작 TIP

Firebase를 활용하여 앱을 개발하다 보면, 기능은 잘 작동하지만 앱의 디자인이 아쉬운 경우가 많습니다. 시각적으로 밋밋하거나 개성이 부족하다고 느낄 수 있죠. 하지만 몇 가지 간단한 팁만으로도 여러분의 앱을 훨씬 더 매력적으로 만들 수 있습니다.

첫 번째는 폰트 설정입니다. 폰트는 앱의 분위기를 결정하는 중요한 디자인 요소입니다. Firebase는 Google Fonts를 기반으로 앱을 제작하므로 Google Fonts 웹사이트에 접속하여 앱에 활용할 수 있는 다양한 폰트를 확인할 수 있습니다. Filters 버튼을 누르면 한국어를 지원하는 폰트를 필터링하여 확인할 수 있고, 원하는 문구를 입력하여 폰트의 분위기를 미리 살펴볼 수도 있습니다. 앱의 콘셉트에 어울리는 폰트를 선택했다면, App Blueprint의 스타일 섹션에 "본문 폰트는 Gowun Dodum"과 같이 입력하여 쉽고 간단하게 원하는 폰트를 앱에 적용할 수 있습니다.

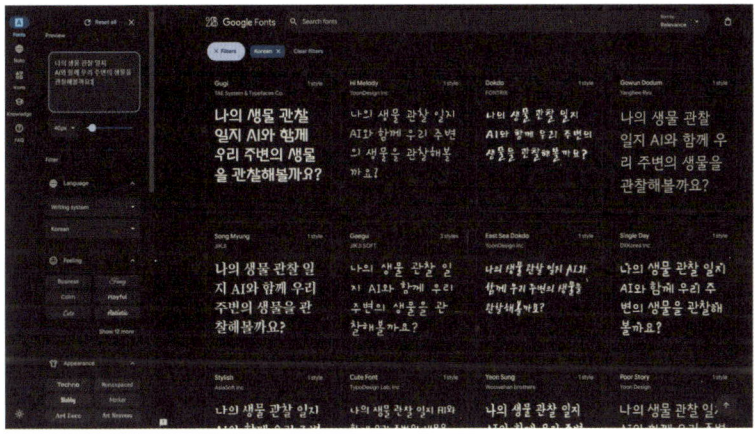

[그림 21] Google Fonts에서 제공하는 폰트

두 번째는 Firebase Storage를 활용한 앱 디자인입니다. Studio의 인공지능에게 앱의 배경, 아이콘, 로고 등의 디자인을 요청하면 결과물이 다소 단조롭게 느껴질 수 있습니다. 디자인 구현 과정에서 오류가 발생해 이미지가 깨져 보이거나 아예 표시되지 않는 경우도 있습니다. 이때, 스토리지에 내가 원하는 이미지를 직접 업로드하여 활용하면 훨씬 다채로

운 UI를 구성할 수 있습니다. Console에서 스토리지 탭을 선택한 뒤 사용하고 싶은 이미지를 업로드하면, 해당 이미지에 대한 고유한 URL이 포함된 액세스 토큰이 생성됩니다. 업로드한 이미지 파일을 클릭해서 액세스 토큰을 복사하고, Studio의 인공지능에게 액세스 토큰과 함께 "앱의 배경을 이 이미지로 바꿔줘." 또는 "이 이미지를 로고로 적용해 줘."와 같이 요청합니다. 이와 같은 방식으로 Firebase에서 제공하는 기본 디자인의 한계를 넘어 더욱 다채롭고 풍부한 앱 디자인을 구현할 수 있습니다.

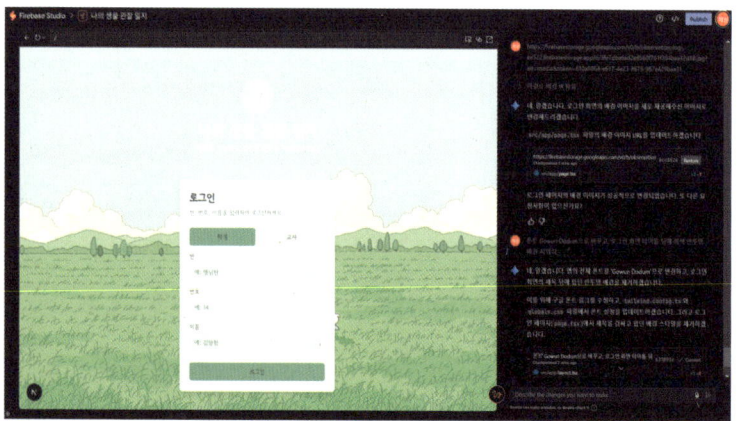

[그림 22] 글꼴 및 업로드 이미지를 활용한 앱 디자인 예시 화면

Firebase Studio

우리 반 AI 받아쓰기

받아쓰기는 어휘력과 문장력을 기르고, 듣기와 쓰기 능력을 함께 향상시키는 데 효과적인 언어 학습 방법입니다. 많은 교사들이 꾸준히 수업에 활용해 왔지만, 수준에 맞는 문장을 고르고, 학습지를 만들며, 듣기 자료까지 준비하는 과정은 상당한 시간과 노력을 요구합니다. 특히 학생별 수준과 필요를 반영해 학습지를 세밀하게 구성하는 일은 교사에게 큰 부담이 됩니다.

'우리 반 AI 받아쓰기'는 이러한 어려움을 덜어주기 위해 개발된 AI 기반 수업 도구입니다. 학년, 수준, 학습 목표를 선택하면 AI가 적절한 문장을 추천하고, 클릭 한 번으로 학습지가 완성됩니다. 문장은 자동으로 음성 변환되어 재생되며, 속도 조절 기능을 통해 학생 개개인의 학습 속도에 맞춘 활용이 가능합니다. 이를 통해 교사는 수업 운영에 더 집중할 수 있고, 학생은 자신에게 맞는 문장으로 몰입감 있는 학습을 경험할 수 있습니다. 빠르게 변화하는 교육 환경에서 교사는 단순한 자료 소비자를 넘어, 필요한 수업 도구를 직접 설계하고 구현하는 창의적 제작자로 나아가야 합니다. '우리 반 AI 받아쓰기'는 한 교사의 아이디어가 AI 기술과 결합해 실제 수업 현장에서 활용할 수 있는 도구로 완성된 사례입니다. 이 책을 통해 앱의 핵심 기능과 활용 방법을 살펴보고, AI 시대 교사의 새로운 역할과 가능성을 함께 모색해 보시기 바랍니다.

1. 우리 반 AI 받아쓰기의 특징

1) AI가 만드는 맞춤형 받아쓰기 문장

받아쓰기 수업을 준비할 때는 학생 수준에 맞는 문장을 선정하고 학습 목표에 맞춰 구성하는 과정이 많은 시간과 노력을 요구합니다. '우리 반 AI 받아쓰기'는 이러한 부담을 덜기 위해, 학년·성취 수준·학습 목표를 입력하면 조건에 맞는 문장을 AI가 자동으로 생성해 줍니다. 예를 들어 '1학년-보통' 수준에 '받침 없는 글자'를 선택하면 짧고 간단한 문장이, '4학년-상' 수준에는 보다 복합적인 문장이 생성됩니다. 영어 받아쓰기의 경우에도 'phonics', 'sight words'와 같은 목표를 지정해 활용할 수 있어 국어와 영어 수업 모두에서 폭넓게 사용할 수 있습니다. 또한 교사가 직접 문장을 입력해 맞춤형 자료를 제작할 수도 있습니다. 이 기능은 교사의 문장 선별과 자료 제작 부담을 줄이고, 학생들에게는 수준에 맞는 적절한 도전 과제를 제공해 학습 효과와 흥미를 함께 높여 줍니다.

[그림 1] 직접 입력으로 받아쓰기 학습지 만들기

[그림 2] AI 자동 생성으로 받아쓰기 문장 입력 화면

2) AI가 읽어주는 맞춤형 받아쓰기

교사가 직접 낭독하지 않아도 AI가 문장을 자연스러운 음성으로 읽어주어, 학생들이 필요한 문장을 반복해서 들을 수 있습니다. 음성은 재생, 다운로드, 속도 조절이 가능하게 개발되어 있습니다.

듣기 능력이 부족한 학생이나 저학년 학습자에게 특히 효과적입니다. 이를 통해 교사는 낭독에 대한 부담 없이 안정적인 학습 환경을 마련할 수 있고, 학생은 자신의 속도에 맞춰 받아쓰기를 연습하며 자기주도적으로 학습할 수 있습니다.

📖 **받아쓰기 문장 목록**　　　　　　　　　　　　　　　총 3개

기본 음성 속도 조절

1. 문제를 가르쳐 주어서
2. 가방을 메고
3. 닭이 웁니다.

[그림 3] 우리 반 AI 받아쓰기 음성 재생·속도 조절·오디오 다운로드 화면

3) 다양한 학습 환경을 위한 유연한 학습지 설정

학생마다 필요한 연습 방식이 다르기 때문에 학습지를 다양한 형태로 제공하는 것은 매우 중요합니다. '우리 반 AI 받아쓰기'는 학습지를 '격자형'과 '밑줄형' 중에서 선택할 수 있으며, 문장 아래 연습 칸 수도 자유롭게 조절할 수 있습니다. 격자형은 글자 모양과 자간을 익히는 데 유용하고, 밑줄형은 문장 전체 구조를 쓰는 연습에 효과적입니다. 완성된 학습지는 PDF나 이미지 파일로 저장할 수 있어 바로 출력하거나 디지털 기기로 손쉽게 공유할 수 있으며, 다양한 수업 환경에 즉시 활용 가능합니다.

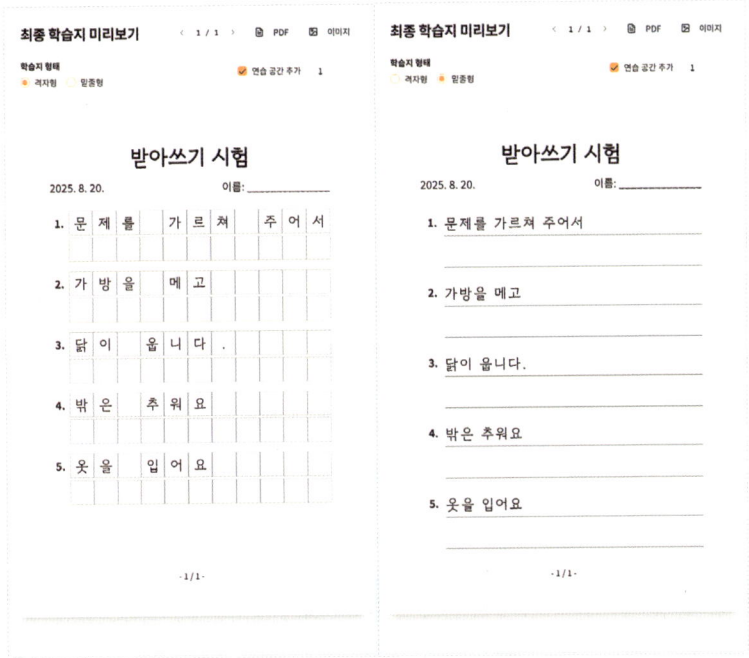

[그림 4] 받아쓰기 학습지 생성 화면

2. 우리 반 AI 받아쓰기 앱 제작하기

1) 우리 반 AI 받아쓰기 웹 앱 제작 요청서

우리 반 AI 받아쓰기 웹 앱을 제작하기 위해 사용했던 프롬프트 예시입니다. 프롬프트 작성 시에는 핵심 기능과 작동 흐름을 포함해 구체적으로 서술하는 것이 중요합니다. 아래와 같은 프롬프트로 프로토타입을 제작하고 초기 배포를 완료합니다. 이후, [완성도를 높이는 추천 프롬프트]를 참고하여 프론트엔드 및 백엔드 기능을 단계적으로 추가해 나가는 방식을 추천합니다.

우리 반 AI 받아쓰기는 교사와 학생을 위한 AI 기반 받아쓰기 학습 웹 앱으로, 받아쓰기 문장 자동 생성과 음성 재생, 학습지 출력까지의 전 과정을 웹 환경에서 완성할 수 있도록 설계되었습니다. 이 앱의 목표는 교사의 수업 준비 시간을 줄이고, 학생 수준에 맞는 문장을 AI가 자동으로 제시하여 효과적인 받아쓰기 학습을 지원하는 것입니다. 교사는 학년과 성취 수준, 학습 목표를 선택하면 AI가 조건에 맞는 문장을 자동 생성하고, 학습지 형태(격자형 또는 밑줄형)와 연습 공간 수를 설정한 뒤 최종 학습지를 생성할 수 있습니다. 생성된 문장은 음성으로 자동 변환되어 재생 및 다운로드가 가능하며, 교사는 낭독 없이도 안정적인 학습 환경을 제공할 수 있습니다. 앱은 좌측 제어 패널에서 학습 조건을 입력하고, 우측 실시간 미리보기에서 학습지를 확인하며, 하단에서는 문장 목록을 관리할 수 있는 3단 구조로 구성됩니다. 최종 학습지는 A4 크기로 최적화된 PDF 또는 이미지 파일로 저장할 수 있습니다.

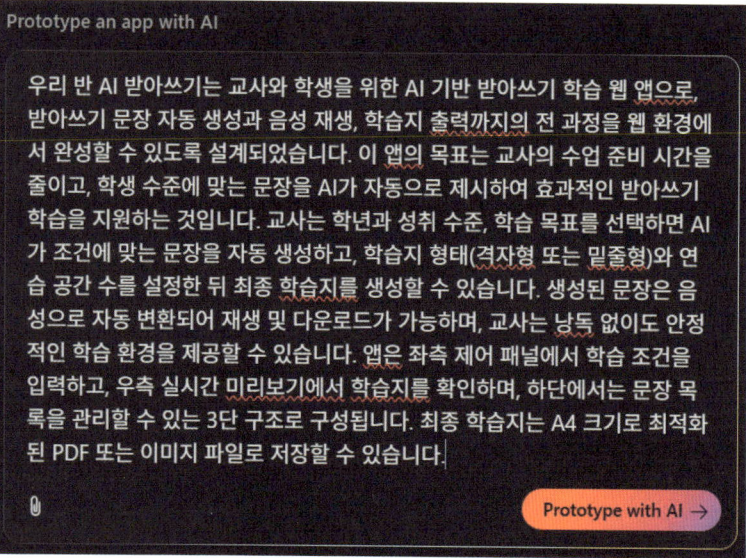

[그림 5] 앱 제작을 위한 프롬프트 입력하기

완성도를 높이는 추천 프롬프트

◆ **프론트엔드 요구사항**

① UI 구성 요소
- 제어 패널(좌측): 'AI 자동 생성' 및 '직접 입력' 탭, 학년 선택 드롭다운, 성취 수준 드롭다운, 국어·영어 학습 목표 입력 필드, 생성 문장 수 입력 필드, 'AI 문장 자동 생성' 버튼, '영어 AI 문장 자동 생성' 버튼.
- 미리보기 패널(우측): 학습지 형태 선택(격자형 / 밑줄형), 연습 공간 개수 조절, 최종 학습지 미리보기 화면, 시험 날짜 및 이름 입력란 포함.
- 하단 문장 목록 패널: AI가 생성한 문장 목록, 각 문장별 재생/다운로드/삭제 버튼, 기본 음성 속도 조절 슬라이더.

② 사용자 경험(UX) 기능
- 직관적인 사용성: 단계별 작업 흐름을 따라가며 누구나 쉽게 사용할 수 있도록 레이블과 버튼을 명확히 배치.
- 실시간 동기화: 좌측 설정 변경 또는 문장 수정 시 우측 학습지 미리보기 패널에 자동 반영.
- 학습 편의성: 음성 재생 및 다운로드 기능, A4 사이즈 최적화된 출력물 제공.

◆ **백엔드 요구사항**
- AI 문장 생성: Gemini API를 활용해 입력된 학년, 성취 수준, 학습 목표에 적합한 받아쓰기 문장 자동 생성.
- AI 음성 생성: 생성된 문장을 AI 음성으로 변환하여 재생 및 다운로드 가능.
- 보안 처리: Gemini API 키는 환경변수(.env)로 안전하게 관리.

2) 웹 앱 최초 배포 및 실행 가이드

Firebase Studio 우측 상단 Publish 버튼을 눌러 웹 앱을 배포하고, Copy link 링크 버튼으로 웹 앱의 URL을 복사한 뒤 브라우저에서 실행합니다.

3. 우리 반 AI 받아쓰기 앱 활용하기

'우리 반 AI 받아쓰기'는 교사의 수업 준비 부담을 줄이고, 학생의 자기주도적 받아쓰기 학습을 효과적으로 지원하는 AI 기반 도구입니다. 수업에 적극 활용하면, 학생 수준에 맞는 문장 난이도와 학습지 형태를 손쉽게 조정해 각자에게 적합한 받아쓰기 연습을 제공할 수 있습니다. 이를 통해 교사는 반복적인 자료 제작에서 벗어나 수업의 본질에 집중할 수 있습니다. 아래는 실제 교실에서 유용하게 적용할 수 있는 몇 가지 활용 팁을 소개합니다.

① 새 학년 준비 기간은 교사에게 가장 바쁜 시기 중 하나입니다. 이때 우리 반 AI 받아쓰기는 학년별·수준별 받아쓰기 학습지를 한 번에 대량 제작하는 데 큰 도움을 줍니다. 학년, 성취 수준, 학습 목표를 설정하고 필요한 문항 수만 입력하면 AI가 자동으로 다양한 문장을 생성합니다. 학기 중에도 단원별 학습이나 소규모 학생 그룹을 위한 자료를 즉시 만들어 활용할 수 있어, 매번 학습지를 새로 제작하는 부담을 줄일 수 있습니다.

② 앱의 음성 재생 기능과 속도 조절 기능을 활용하면 받아쓰기 맞춤형 학습을 효과적으로 지원할 수 있습니다. 처음에는 느린 속도로 들려주고, 익숙해질수록 점차 속도를 높이면 실제 듣기 실력 향상에 도

움이 됩니다. 특히 듣기 능력이 부족한 학생이나 저학년은 천천히 반복해 들으며 받아쓰기를 할 수 있어 개별 맞춤형 학습이 가능하고, 교사는 직접 낭독하는 부담 없이 안정적인 학습 환경을 마련할 수 있습니다.

③ 생성된 문장의 음성 파일은 다운로드할 수 있어 하이클래스나 온라인 학습 플랫폼을 통해 학생과 학부모에게 손쉽게 공유할 수 있습니다. 이를 통해 학생들은 가정에서도 받아쓰기 문장을 반복해 들으며 학습할 수 있고, 학습의 연속성과 일관성을 유지할 수 있습니다. 교사가 직접 녹음하지 않아도 고품질 AI 음성을 활용할 수 있어, 교실과 가정을 자연스럽게 연결하는 학습 환경을 제공합니다.

④ 학습지 미리보기 화면의 '연습 공간 추가' 기능을 활용하면, 학생이 답을 작성할 칸의 수를 자유롭게 조절할 수 있습니다. 예를 들어 시험 직전에는 칸을 1~2개만 설정해 집중 연습을 유도하고, 숙제나 반복 학습용 자료에는 5개 이상의 칸을 추가해 충분한 쓰기 연습이 가능하도록 할 수 있습니다. 이러한 유연한 설정은 수업 목적과 학생 수준에 맞춘 맞춤형 학습 자료 제작을 가능하게 합니다.

'우리 반 AI 받아쓰기'는 받아쓰기 수업을 보다 효율적이고 유연하게 운영할 수 있도록 선생님을 돕는 AI 도구입니다. 이를 활용하면 교사는 반복적인 자료 제작과 낭독 부담을 줄여 개별 지도에 더 많은 시간을 쓸 수 있고, 학생은 자신의 수준에 맞춘 문장을 듣고 쓰며 언어 능력을 자연스럽게 키워갈 수 있습니다. 우리 반 AI 받아쓰기로 받아쓰기 수업에 작은 혁신을 더해 보세요.

(+) Firebase 앱 제작 TIP

Firebase Studio에서 앱을 개발하다 보면, 인공지능이 텍스트 지시만으로는 세부 의도를 정확히 파악하지 못해 결과가 기대에 미치지 못하는 경우가 있습니다. 이럴 때는 참고 이미지를 함께 제시하거나 화면 요소를 직접 지정하고 수정 위치를 표시해 주면, 의도한 대로 앱을 더욱 효과적으로 완성할 수 있습니다.

첫 번째 방법은 이미지 첨부로 맥락을 함께 전달하는 것입니다. 앱의 특정 부분을 텍스트만으로 설명하기 어려울 때는 '파일 추가' 버튼을 활용해 보세요. 수정이 필요한 UI의 예시 이미지를 첨부하면, AI가 해당 화면의 맥락을 정확히 이해하고 그에 맞춰 명령을 더 효과적으로 반영할 수 있습니다. 이처럼 텍스트와 이미지를 함께 활용하면 앱을 더 빠르고 정밀하게 개선할 수 있습니다.

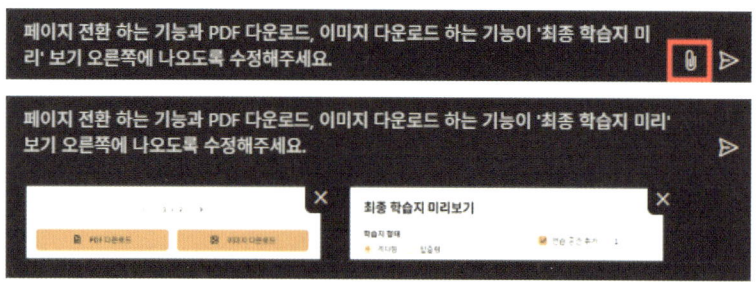

[그림 6] 이미지 첨부를 활용해 UI 수정을 요청하는 예시 화면

두 번째 방법은 Select 기능을 활용해 수정할 요소를 직접 지정하는 것입니다. 앱의 특정 요소(버튼, 입력 필드 등)의 텍스트나 디자인을 변경하고 싶을 때, 'Select' 버튼을 눌러 원하는 UI 요소를 클릭하면 AI가 해당

요소의 코드 위치를 정확히 인식합니다. 이후 "버튼의 텍스트를 '영어 AI 문장 자동 생성'으로 바꿔주세요."처럼 명령을 입력하면, AI는 다른 UI에는 영향을 주지 않고 지정한 부분만 정확하게 수정합니다. 이는 마치 앱의 특정 부분을 손가락으로 가리키며 디자이너에게 요청하는 것과 같은 방식으로, 직관적이고 효율적으로 앱을 개발할 수 있습니다.

[그림 7] Select 기능으로 특정 버튼을 수정하는 예시 화면

세 번째 방법은 Annotate 기능을 활용해 수정 위치를 직접 표시하는 것입니다. 이 기능은 앱 화면 위에 그림을 그리거나 텍스트를 입력해 AI에게 수정 사항을 지시할 수 있습니다. 예를 들어, 하단에 있던 '새로고침' 버튼을 화면 상단으로 옮기고 싶다면, 앱 화면에 원하는 위치를 표시한 뒤 "기존 '새로고침' 버튼을 이 위치로 옮겨 주세요."라고 요청하면 됩니다. 그러면 AI가 시각적 의도를 정확히 이해해 UI를 재배치합니다. 코딩 지식이 없어도 그림을 통해 원하는 앱의 모습을 구현할 수 있어 매우 유용한 기능입니다.

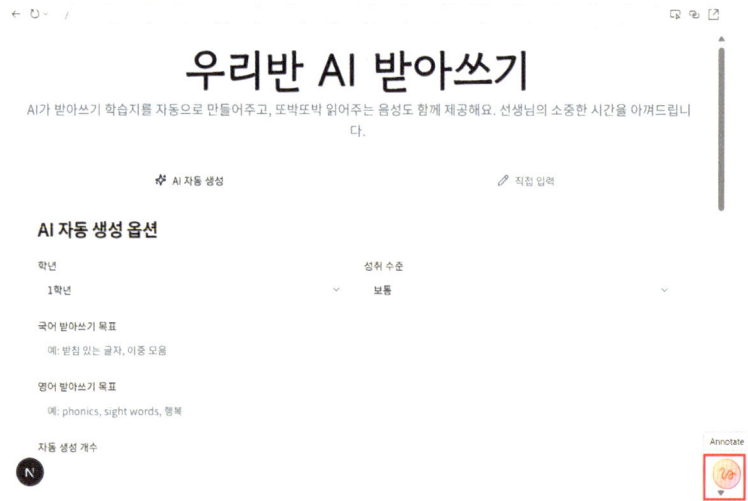

[그림 8] Annotate 기능으로 UI 수정을 요청하는 예시 화면(1)

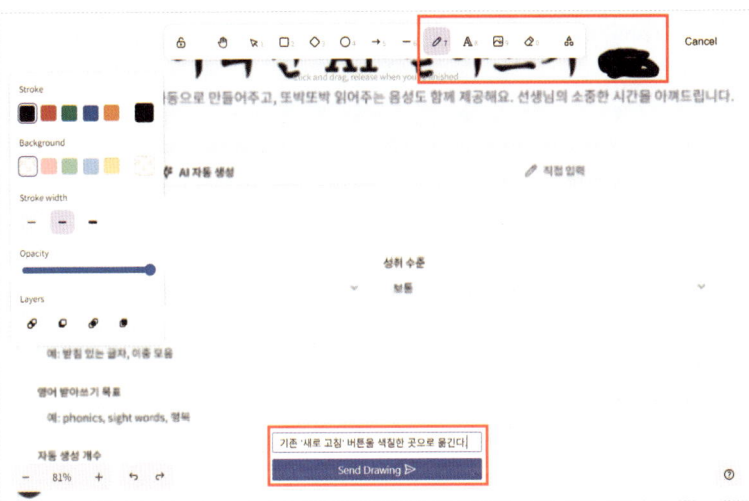

[그림 9] Annotate 기능으로 UI 수정을 요청하는 예시 화면(2)

[그림 10] Annotate 기능으로 UI 수정을 요청하는 예시 화면(3)

Firebase Studio

WordClass(워드클래스)

학생들의 단어 학습을 효과적으로 지원하기 위해 교실에서는 다양한 방법이 시도됩니다. 단어 학습은 언어 능력의 기초이자 모든 교과 학습의 기반이 되는 중요한 요소입니다. 문법이나 독해를 잘하더라도 단어 학습이 부족하면 의사소통은 물론 교과 개념 이해에도 어려움을 겪게 됩니다. 특히 초등학생에게는 새로운 단어를 다양한 방법으로 익히는 과정이 읽기와 쓰기 실력을 높이고, 다른 교과 학습에도 도움이 됩니다.

이러한 필요를 해결하기 위한 활동 중 하나로 Word Search(워드서치)는 오랫동안 교실에서 활용되어 왔습니다. 학생들은 퍼즐을 즐기며 단어를 능동적으로 찾아내고, 새로운 단어를 자연스럽게 익히는 과정에서 집중력과 사고력을 기를 수 있습니다. 그러나 학습 목표에 맞는 단어 선정부터 퍼즐 그리드 설계, 단어 배치 조정, 정답지 생성까지 워드서치 학습지를 직접 제작하는 과정은 교사에게 많은 시간과 노력을 요구합니다.

이러한 어려움을 덜기 위해 AI 기반 단어 학습 도구인 'WordClass(워드클래스)'를 개발했습니다. 이 앱은 교사가 입력한 학습 주제와 설정에 따라 AI가 적절한 단어와 뜻풀이를 자동으로 추천하며, 클릭 몇 번만으로 워드서치 퍼즐, 정답지, 문장 만들기 활동지, 의미 연결 학습지 등 다양한 형태의 자료를 생성할 수 있습니다. 교사의 수업 준비 부담을 줄이고, 학생들에게는 풍부한 단어 학습 경험을 제공하는 유용한 수업 도구입니다.

1. WordClass(워드클래스)의 특징

1) AI 자동 단어 추천과 편집

어휘 수업을 준비할 때 가장 번거로운 작업 중 하나는 학습 주제에 맞는 단어와 뜻풀이를 일일이 선별하는 것입니다. 기존 방식으로는 교사가 사전이나 참고 자료를 찾아 단어 목록을 구성해야 했고, 이 과정은 많은 시간을 요구했습니다. 이러한 어려움을 덜어주기 위해 '워드클래스(WordClass)'는 인공지능 기능을 제공합니다. 교사가 주제만 입력하면, 생성형 인공지능이 자동으로 관련 단어와 뜻풀이를 제안합니다. 예를 들어, '우주'를 입력하면 '행성', '중력', '우주인'과 같은 연관 단어가 뜻과 함께 제시됩니다. 추천된 단어는 그대로 활용하거나, 교사가 직접 수정하고 새로운 단어를 추가하여 편집할 수 있습니다. 이 기능은 교사의 수업 준비 시간을 크게 줄여주는 동시에, 교사가 전문성과 수업 의도를 반영하여 완성도 높은 어휘 자료를 제작할 수 있도록 돕습니다.

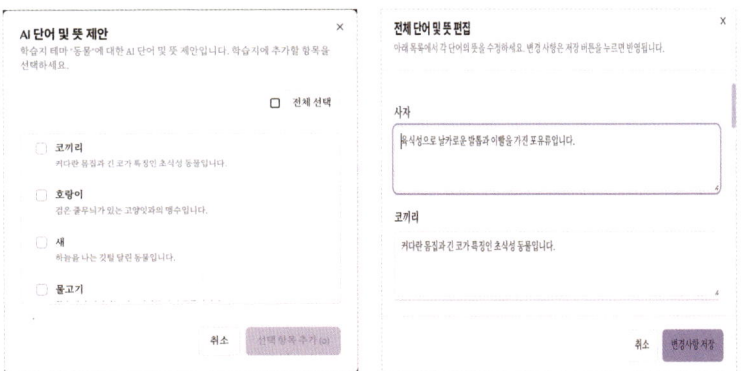

[그림 1] AI 단어 추천 및 단어 편집 화면

2) 학습자 맞춤 설정

Word Search(워드서치)는 재미있게 활용할 수 있는 학습 도구이지만, 학습자 수준에 맞지 않으면 금세 흥미를 잃거나 좌절감을 느끼기 쉽습니다. 'WordClass(워드클래스)'는 퍼즐의 그리드 크기, 단어 배치 방향, 단어 간 겹침 정도를 직접 설정하는 기능을 제공하여 난이도를 세밀하게 조절하도록 설계되었습니다. 예를 들어, 저학년용은 작은 그리드와 직선 방향으로만 단어를 배치하고, 고학년용은 대각선 및 역방향 배치를 추가하여 난이도를 높일 수 있습니다. 이러한 기능을 통해 교사는 학습자의 수준과 수업 목표에 따라 자료를 제작하여 모든 학생에게 도전과 성취감을 동시에 제공하는 맞춤형 학습을 제공할 수 있습니다.

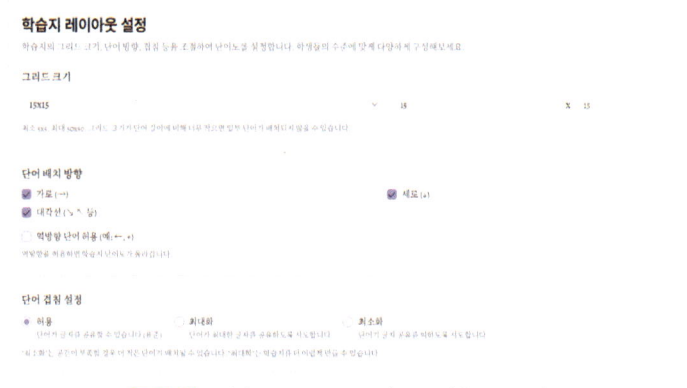

[그림 2] 맞춤형 Word Search(워드서치) 레이아웃 설정 기능

3) 다양한 연계 학습지 자동 생성

기존의 Word Search(워드서치)는 단어 퍼즐에만 국한되어 있어 학습을 확장하는 데 한계가 있었습니다. 'WordClass(워드클래스)'는 퍼즐 이

후에도 학습이 자연스럽게 이어질 수 있도록 다양한 연계 학습 활동지를 자동으로 생성합니다. 나만의 문장 만들기, 단어-의미 연결, 단어 카드, 뜻풀이 카드 등 여러 형식의 자료를 한 번에 완성할 수 있습니다. 이러한 자료는 학생이 단어를 실제 문맥에서 활용하며 어휘를 내면화하도록 돕고, 표현력과 사고력까지 함께 키워 줍니다.

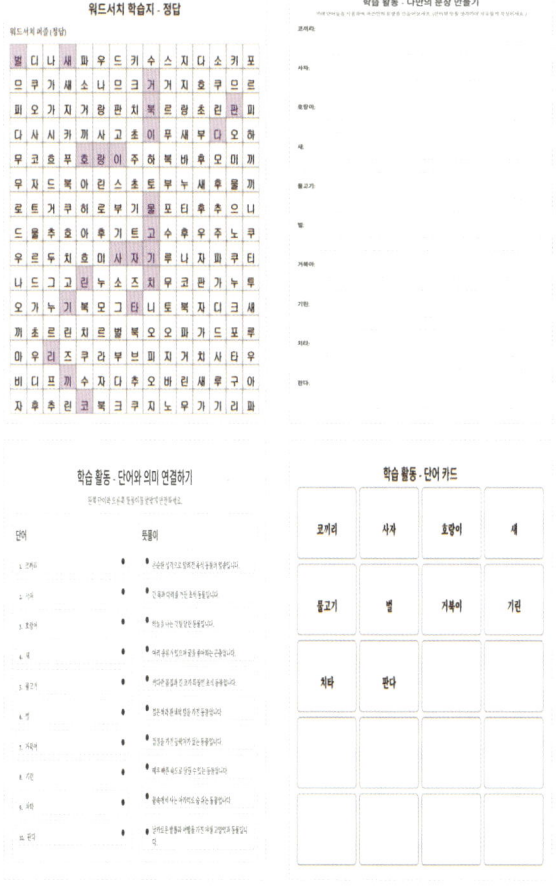

[그림 3] 다양한 종류의 연계 학습지

4) 바로 인쇄하고 사용하는 학습 자료

교사가 수업 자료를 제작한 뒤 출력용으로 편집하는 데에는 적지 않은 시간이 소요됩니다. 출력 시 글자 크기, 여백, 정렬 등을 조정하느라 자료 활용이 늦어지는 경우도 많습니다. 'WordClass(워드클래스)'는 모든 학습 자료를 A4 크기에 최적화된 PNG 이미지 파일로 자동 변환해 제공합니다. 모든 활동지를 별도의 편집 없이 바로 인쇄하거나 디지털 형식으로 손쉽게 배포할 수 있어, 수업 준비 시간을 크게 줄이고 학생 지도에 더 많은 시간을 집중할 수 있습니다. 또한 오프라인 수업은 물론 온라인 수업 자료로도 유연하게 활용할 수 있습니다.

2. WordClass(워드클래스) 앱 제작하기

1) WordClass(워드클래스) 웹 앱 제작 요청서

WordClass(워드클래스) 웹 앱을 제작하기 위해 사용했던 프롬프트 예시입니다. 프롬프트 작성 시에는 핵심 기능과 작동 흐름을 포함해 구체적으로 서술하는 것이 중요합니다. 아래와 같은 프롬프트로 프로토타입을 제작하고 초기 배포를 완료합니다. 이후, [완성도를 높이는 추천 프롬프트]를 참고하여 프론트엔드 및 백엔드 기능을 단계적으로 추가해 나가는 방식을 추천합니다.

WordClass(워드클래스)는 교사와 학생을 위한 AI 기반 어휘 학습 웹 앱으로, 자동 단어 추천과 워드서치 퍼즐 생성, 활동지 제공 기능을 중심으로 작동합니다. 이 앱의 목표는 학생들이 다양한 주제와 난이도에 따라 어휘를 효과적으로 학습하고, 퍼즐과 활동지를 통해 능동적으로 어휘를 탐색하고 표현하는 경험을 제공하는 데 있습니다. 교사는 학습지 제목과 테마를 입력하고, AI 추천 단어 개수와 퍼즐 설정(그리드 크기, 배치 방향, 겹침 정도)을 선택한 뒤 단어 목록을 생성하거나 직접 입력하여 학습지를 구성할 수 있습니다. 학습지는 실시간 미리보기 화면을 통해 퍼즐 형태로 확인할 수 있으며, 생성된 결과물은 워드서치 퍼즐뿐 아니라 단어 카드, 뜻풀이 카드, 단어-의미 연결 활동지, 나만의 문장 만들기 활동지로 자동 확장됩니다. 모든 학습 자료는 A4 크기의 이미지 또는 PDF 파일로 다운로드할 수 있습니다.

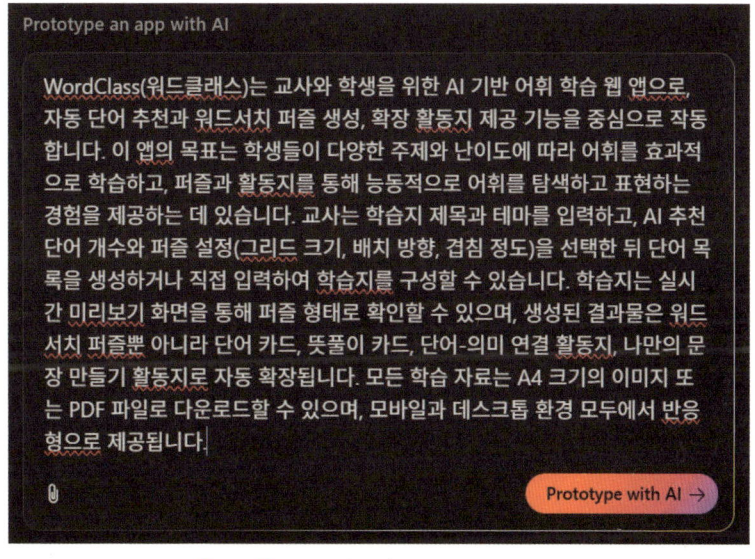

[그림 4] 앱 제작을 위한 프롬프트 입력하기

완성도를 높이는 추천 프롬프트

◆ 프론트엔드 요구사항

① UI 구성 요소
- 학습지 설정 화면: 학습지 제목 입력창, 테마 입력창, AI 추천 단어 개수 선택, 'AI로 단어/뜻 제안받기' 버튼, 단어 입력창, 단어 업로드(.txt/.csv), '전체 편집', '선택 삭제' 버튼.
- 퍼즐 설정 화면: 그리드 크기 선택(드롭다운 및 직접 입력), 단어 배치 방향 체크박스(가로/세로/대각선/역방향), 단어 겹침 설정(허용/최대화/최소화).
- 결과 확인 화면: 워드서치 퍼즐, 정답 미리보기 토글, 추가 활동지 섹션(문장 만들기, 단어-의미 연결하기, 카드 게임), '그리드 변경' 및 '다른 레이아웃' 버튼.

② 사용자 경험(UX) 기능
- 실시간 반영: 단어 목록 및 설정 변경 시 퍼즐 및 활동지 미리보기에 실시간 적용.
- 단어 입력 편의: 쉼표, 엔터 등 다양한 구분자로 단어 입력 가능.
- A4 자동 최적화: 생성된 결과물은 A4 사이즈 이미지 및 PDF로 변환 가능.

◆ 백엔드 요구사항
- AI 단어 추천: Gemini API로 입력된 주제에 맞는 단어 및 뜻풀이 자동 생성.
- 결과물 저장 형식: 모든 활동지는 PNG와 PDF 형식으로 동시 출력.
- 반응형 지원: 모바일, 태블릿, 데스크톱 환경에서 동일한 기능 제공.
- 보안 처리: Gemini API 키는 환경변수(.env)로 안전하게 관리.

2) 웹 앱 최초 배포 및 실행 가이드

Firebase Studio 우측 상단 Publish 버튼을 눌러 웹 앱을 배포하고, Copy link 링크 버튼으로 웹 앱의 URL을 복사한 뒤 브라우저에서 실행합니다.

3. WordClass(워드클래스) 앱 활용하기

'WordClass(워드클래스)' 앱은 어휘 학습의 재미와 효율성을 높여주는 AI 기반 수업 보조 도구입니다. 수업에 효과적으로 활용하면 학생들의 어휘 실력을 더욱 탄탄하게 다질 수 있으며, 교사는 반복적인 자료 준비 부담을 줄이고 보다 의미 있는 수업 운영에 집중할 수 있습니다. 아래는 교실 현장에서 활용할 수 있는 몇 가지 팁입니다.

① 새 단원이나 특정 주제의 어휘를 학습할 때는 AI 단어 추천 기능을 활용해 보세요. 학습지의 주제를 입력하고 단어 개수를 선택하면 AI가 관련 단어와 뜻풀이를 자동으로 제안합니다. 교사는 이를 바탕으로 단어 목록을 신속하게 확정하거나 필요에 따라 수정·보완할 수 있어, 매번 단어 선정과 뜻풀이 작성에 소요되던 시간을 크게 줄일 수 있습니다.

② 저학년이나 어휘 학습 초기 단계 학생에게는 작은 그리드(예: 10x10), '가로·세로' 방향 제한, 단어 겹침 최소화 설정으로 쉽게 풀 수 있는 워드서치를 제공합니다. 반면, 고학년이거나 도전적인 활동을 원하는 학생에게는 큰 그리드(예: 20x20), '대각선·역방향' 허용, 단어 겹침 최대화 설정으로 집중력과 관찰력을 기르는 고난도 워드서치를 제시할 수 있습니다.

③ 워드서치 퍼즐을 푼 뒤에는 다양한 후속 활동을 연계해 어휘 학습을 심화할 수 있습니다. '나만의 문장 만들기' 활동지는 문장 구성 능력을 키우는 데 도움이 되고, '단어-의미 연결하기' 활동은 정확한 개념 이해를 확인할 수 있습니다. 또한 '단어 카드'는 메모리 게임이나 스피드 퀴즈 등 오프라인 활동에 활용할 수 있어 학습에 즐거움을 더합니다.

④ 모든 학습지와 활동지는 A4 사이즈에 최적화된 이미지 파일로 제공되어 별도의 편집 없이 바로 출력할 수 있습니다. 또한 하이클래스나 온라인 학습 플랫폼을 통해 가정과 연계된 학습 자료로 손쉽게 공유할 수 있어 교사의 수업 준비 부담을 줄여줍니다.

'WordClass(워드클래스)'는 단순한 퍼즐 생성기를 넘어, 교실에 활력을 불어넣는 어휘 학습의 든든한 조력자입니다. 학생들은 자신에게 맞는 난이도로 퍼즐을 풀며 어휘에 대한 흥미와 자신감을 키우고, 교사는 반복적인 자료 준비에서 벗어나 학생과의 상호작용과 창의적인 수업 설계에 온전히 집중할 수 있습니다. AI는 교사를 대신하는 기술이 아니라, 교사의 전문성을 더욱 빛나게 해주는 도구입니다. 'WordClass(워드클래스)'와 함께, 어휘 수업의 새로운 가능성을 교실에서 직접 펼쳐 보시기 바랍니다.

(+) Firebase 앱 제작 TIP

Firebase Studio로 프로젝트를 개발하다 보면, 인공지능이 예기치 않게 경로를 벗어나거나 의도와 다르게 코드를 수정하는 경우가 있습니다.

이럴 때는 프로젝트 전반이 손상되어 복구가 어려울 수 있습니다. 이러한 위험에 대비해 GitHub(깃허브)에 주기적으로 백업해 두는 것이 좋습니다. 백업 파일이 있다면 문제가 발생하면 해당 파일을 불러와 안정적인 상태에서 작업을 이어갈 수 있습니다.

1) GitHub와 연동하기

첫 단계는 GitHub에 프로젝트를 저장할 Repository(저장소)를 만드는 것입니다. GitHub에 로그인한 뒤, 화면 왼쪽 상단에 있는 초록색 'New' 버튼을 클릭하여 새 Repository 생성 화면을 엽니다.

[그림 5] Repository 만들기

Repository name 칸에는 프로젝트의 성격을 한눈에 알 수 있는 간단하고 직관적인 이름을 입력합니다. Choose visibility에서는 Public(공개) 또는 Private(비공개) 중 하나를 선택합니다.

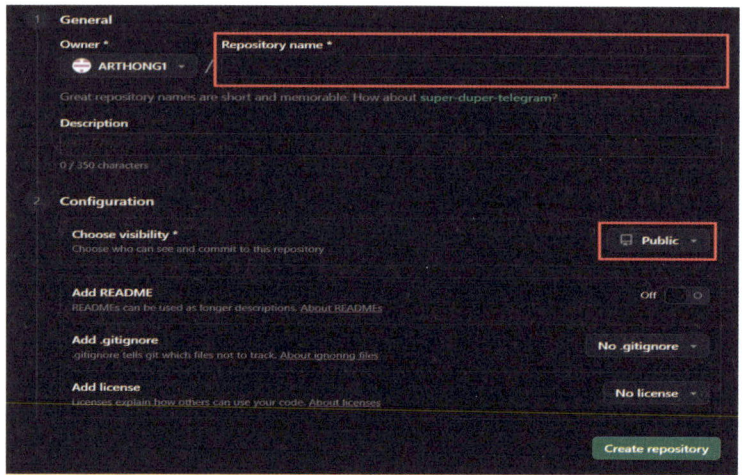

[그림 6] Repository 설정하기

Repository가 생성되면 화면 중앙에 로컬 프로젝트를 원격 저장소와 연결하기 위한 주소와 명령어가 표시됩니다. 이 명령어는 로컬에 있는 프로젝트를 새로 만든 원격 저장소에 처음 업로드할 때 사용합니다.

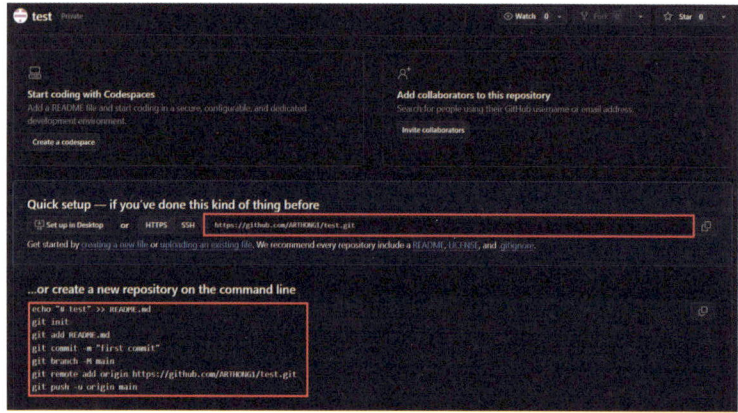

[그림 7] 원격 저장소 주소와 명령어

이 명령어를 복사해 Firebase Studio의 터미널에 붙여 넣습니다. 터미널을 직접 열지 않더라도 코드 탐색기 화면에서 Gemini에게 명령어를 입력해 터미널을 실행할 수 있습니다. 이후 git init, git add, git commit, git branch -M main, git remote add origin 명령이 순서대로 실행됩니다.

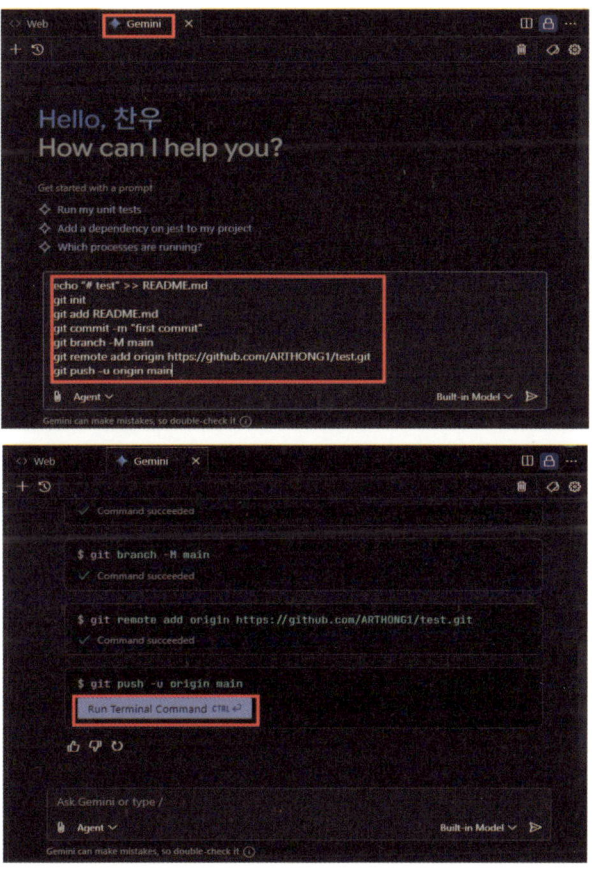

[그림 8] GitHub 저장소 생성과 Firebase Studio 연동

2) GitHub에 백업하기

연동이 완료되면 git push -u origin main 명령을 실행해 로컬의 모든 파일을 GitHub 저장소로 업로드합니다. 이때 각 명령을 실행할 때마다 Firebase Studio의 Gemini가 "터미널 명령을 실행할까요?"라는 메시지를 표시하면 Run Terminal Command 버튼을 클릭해 승인합니다. 모든 명령이 정상적으로 완료되면 GitHub 웹페이지에서 업로드된 파일 목록과 변경 내역을 확인할 수 있습니다.

[그림 9] 백업이 완료되었을 때 GitHub의 Repository

첫 백업 이후에는 변경 사항이 생길 때마다 아래 두 줄의 명령만 실행하면 됩니다.

- git add . : 변경되거나 추가된 파일을 커밋에 포함시키기
- git push origin main: 커밋된 변경 사항을 원격 저장소에 업로드하기

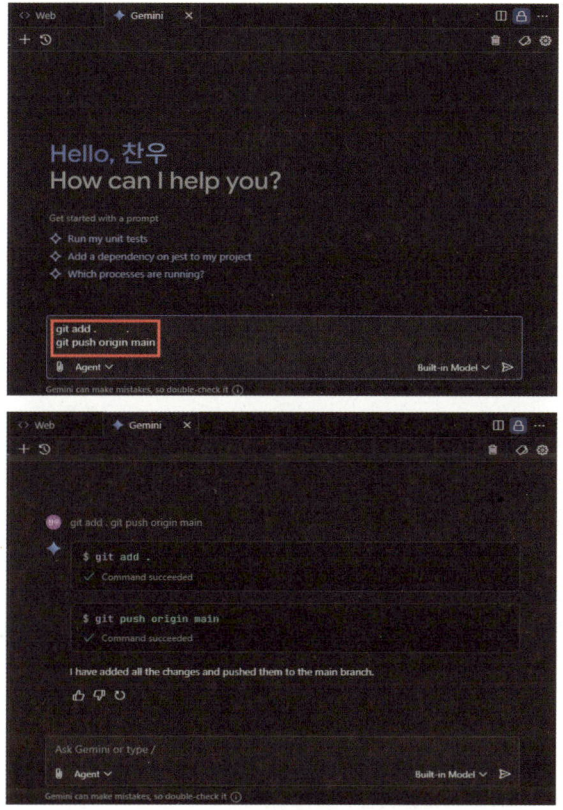

[그림 10] GitHub에 변경 사항 백업하기

3) 복구하기

작업 중 심각한 오류가 발생해 더 이상 진행이 어려울 경우, GitHub에 저장된 백업 파일을 불러와 복구할 수 있습니다. 아래 명령을 순서대로 실행하면 마지막 백업 시점으로 프로젝트를 되돌릴 수 있어 안정적인 개발 환경을 유지할 수 있습니다.

- git fetch origin: 원격 저장소의 최신 내용 가져오기
- git reset --hard origin/main: 로컬을 원격 저장소의 최신 상태로 초기화
- git clean -fd: 깃이 관리하지 않는 파일과 폴더 삭제

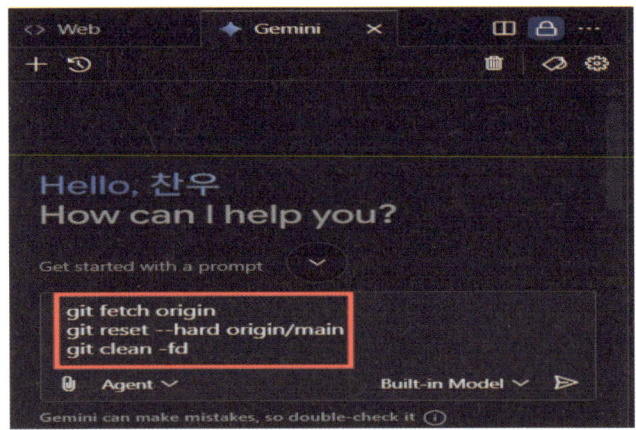

[그림 11] GitHub 백업 파일로 프로젝트 복구하기 (1)

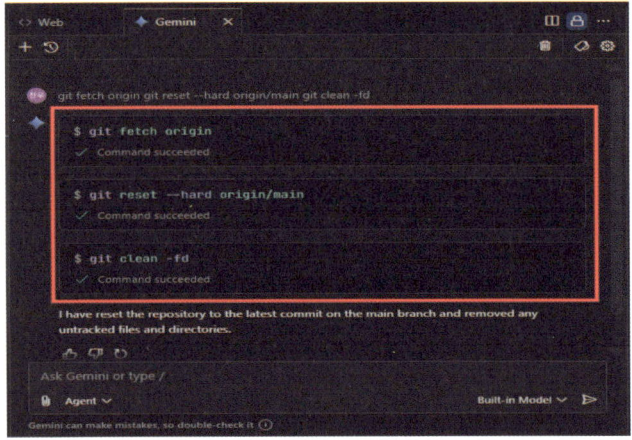

[그림 12] GitHub 백업 파일로 프로젝트 복구하기 (2)

Firebase Studio + Firebase Console

미술 감상 게임 ACE CANVAS

오늘날의 교육은 학생들이 수동적 학습자가 아닌 능동적 탐구자로서 스스로 배움을 이끌어가는 수업을 지향합니다. 그러나 여전히 학생들의 주도성을 이끌어내기 어려운 수업들이 있습니다. 그 대표적인 예가 바로 미술 감상 수업입니다. 미술 감상은 예술을 향유하는 태도와 미적 감수성을 기르는 중요한 활동임에도 불구하고, 많은 학생들에게 어렵고 지루한 활동으로만 여겨지곤 합니다.

이러한 교육 현장의 고민을 해결하고, 미술 감상 수업에 새로운 활력을 불어넣기 위해 제작된 Firebase Studio 기반의 미술 감상 게임 앱, 'ACE CANVAS'를 소개합니다. 이 앱은 미술 작품 감상과 인공지능 이미지 생성이라는 두 가지 요소를 결합하여 기존과는 다른 특별한 감상의 경험을 제공합니다. 이 앱을 통해 학생들은 게임을 즐기듯 다양한 미술 작품을 여러 가지 관점으로 바라보고, 자신의 감상을 글로 표현하는 힘을 자연스럽게 기를 수 있습니다.

학교 교육과정에 이어 교사 교육과정이 주목받는 시대에, 교사는 교육 콘텐츠 소비자를 넘어 학습의 흐름을 설계하고 학습 경험을 창조하는 교육의 프로슈머로 거듭나고 있습니다. Firebase라는 혁신적인 개발 도구를 활용해 'ACE CANVAS' 앱을 기획하고 구현하는 과정을 살펴보며, 여러분의 교실에 새로운 '바이브'를 불어넣을 영감을 얻으시길 바랍니다.

1. ACE CANVAS의 특징

1) 교실에서 펼쳐지는 실시간 미술 감상 게임

'ACE CANVAS'는 기존의 정적인 미술 감상 수업과 달리, 학생들이 실시간으로 상호작용하며 즐기는 게임 형식을 기반으로 한 앱입니다. 교사는 감상할 미술 작품과 정보를 업로드하고 라운드 수를 설정한 뒤, 접속 코드나 QR 코드(URL 링크)를 이용해 학생들을 초대합니다.

[그림 1] 게임 세션 생성 화면 / 학생 초대 화면

학생들은 주어진 시간 동안 명화를 감상하고 작품을 구체적으로 묘사하는 글을 작성합니다. 시간이 종료되면, 서로의 글을 확인하고 작품을 가장 잘 묘사한 텍스트에 투표합니다. 라운드가 끝날 때마다 득표수 1위부터 3위까지의 텍스트가 공개되며, 이 글을 바탕으로 인공지능 이미지 생성을 진행합니다. 이처럼 흥미로운 도전 과제를 제시하고 서로의 감상을 실시간으로 공유함으로써 단조로웠던 미술 감상 활동에 활기를 더하고, 학생들의 적극적인 참여를 유도합니다.

[그림 2] 학생 게임 및 투표 화면

2) 라운드를 거듭하며 깊어지는 감상

'ACE CANVAS'는 하나의 미술 작품으로 여러 라운드에 걸쳐 감상 활동을 진행하며 자연스럽게 깊이를 더해갑니다. 첫 번째 라운드에서 작품의 기본적인 구성을 중심으로 감상했다면, 두 번째 라운드부터는 화풍이나 분위기와 같은 세부 요소까지 관찰하고 묘사하게 되죠. 학생들은 다른 친구들이 작성한 작품 설명을 살펴보며 감상의 관점을 넓히고, AI 피드백 기능을 통해 더욱 심도 있는 감상 전략을 제안받을 수 있습니다.

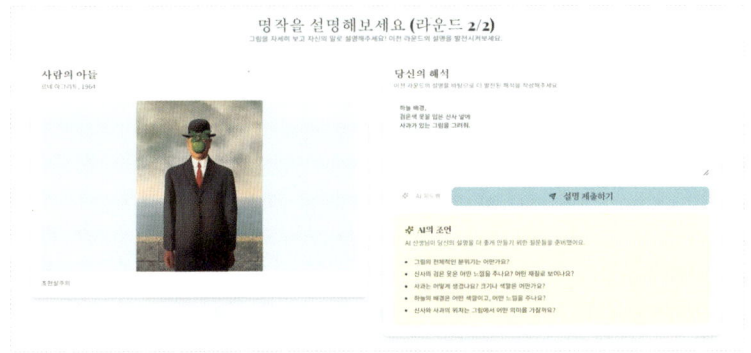

[그림 3] AI 피드백 화면

3) 미술 감상 교육과 프롬프트 교육을 한 번에

'ACE CANVAS'의 핵심은 '깊이 있게 감상하고, 자세히 설명하는 것'에 있습니다. 이 앱은 '깊이 있게 볼수록 더 많이 보인다'는 미술 감상의 원칙과 '구체적으로 설명할수록 더 완벽하게 생성한다'는 프롬프트의 원칙을 연계하여 설계되었습니다. 투표를 통해 선정된 우수 감상 텍스트로 생성한 인공지능 이미지를 실제 명화와 비교해봄으로써 자신의 언어적 표현이 얼마나 효과적이었는지 객관적으로 평가할 수 있습니다. 이 과정에서 학생들은 자연스럽게 프롬프트의 작성 원리를 익히고, 인공지능 기술의 활용성에 대해 이해할 수 있습니다.

[그림 4] 프롬프트에 따라 달라지는 생성 결과

4) 감상이 또 하나의 작품이 되는 경험

'ACE CANVAS'에서 학생들의 감상은 또 하나의 작품이 됩니다. 서로의 감상 내용을 공유하고, 그 깊이의 차이를 시각적으로 확인하는 과정을 통해 학생들은 성취감을 느끼고 내재적 동기를 얻게 됩니다. 우수 감상 텍스트는 하나의 작품으로서 앱 내 '명예의 전당'에 기록됩니다. 학생들은 이곳에서 친구들의 작품을 보며 영감을 얻고, 명예의 전당에 올라가기 위해 더욱 적극적으로 게임에 참여하게 됩니다. 이를 통해 학생들은 자연스럽게 감상이 또 하나의 예술적 창작이 됨을 이해할 수 있습니다.

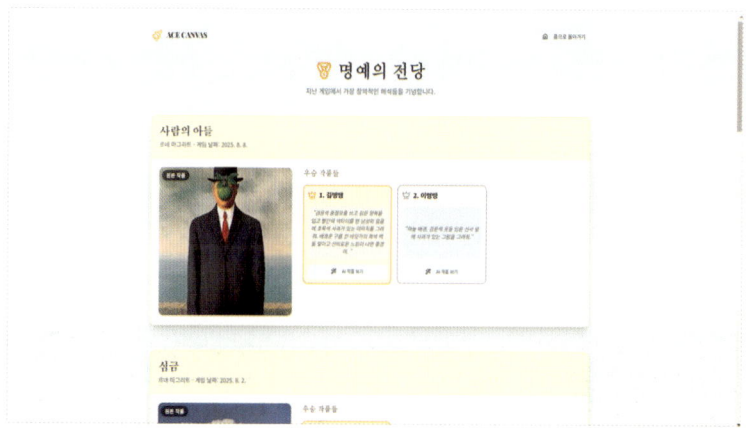

[그림 5] 명예의 전당 화면

2. ACE CANVAS 앱 제작하기

1) ACE CANVAS 웹 앱 제작 요청서

ACE CANVAS 웹 앱을 제작하기 위해 사용했던 프롬프트 예시입니다. 프롬프트 작성 시에는 핵심 기능과 작동 흐름을 포함해 구체적으로 서술하는 것이 중요합니다. 아래와 같은 프롬프트로 프로토타입을 제작하고 초기 배포를 완료합니다. 이후, [완성도를 높이는 추천 프롬프트]를 참고하여 프론트엔드 및 백엔드 기능을 단계적으로 추가해 나가는 방식을 추천합니다.

ACE CANVAS는 교사와 학생을 위한 AI 기반 교육용 웹 앱으로, 실시간 게임 형식으로 작동합니다. 이 앱의 목표는 미술 작품을 깊이 감상하고 구체적으로 표현하도록 하는 것으로, 기존의 수동적인 미술 감상 활동에서 벗어나 학생들이 주도적으로 참여하는 감상 경험을 제공합니다. 교사는 감상하고자 하는 미술 작품을 업로드하고 진행 라운드 수를 설정한 뒤 게임을 시작하도록 합니다. 게임이 시작되면 접속 코드나 QR 코드(URL 링크)가 생성되고, 코드를 통해 학생들이 게임에 입장합니다. 게임이 시작되면 학생들은 제시된 작품을 감상한 뒤 글로 묘사합니다. 이후 학생 투표를 통해 작품을 가장 잘 묘사한 글을 선정하여 인공지능으로 이미지를 생성합니다. 이때 생성된 이미지를 원본 작품과 함께 제시하여 감상의 깊이와 표현의 정확성을 비교할 수 있도록 합니다. 두 번째 라운드부터는 학생들이 더욱 깊이 있는 감상을 할 수 있도록 AI 피드백 기능을 제공합니다.

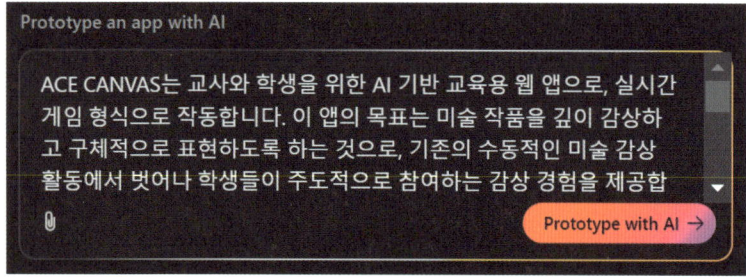

[그림 6] 앱 제작을 위한 프롬프트 입력하기

완성도를 높이는 추천 프롬프트

◆ 프론트엔드 요구사항

① UI 구성 요소
- 학생 경험: 로그인(닉네임), 게임 진행(명화 이미지, 텍스트 입력, AI 피드백), 투표(다른 학생의 제출 텍스트 카드).
- 교사 경험: 로그인(이메일 회원 가입), 게임 세션 생성(명화 업로드, 정보 입력, 라운드 설정), 게임 진행 관리(접속 코드, 학생 목록, 타이머), 투표 결과 확인(순위, AI 이미지 생성 버튼).
- 공통: 메인 화면(게임 시작, 명예의 전당, 게임 설명, 회원 가입), 명예의 전당(우수작 목록).

② 사용자 경험(UX) 기능
- 쉬운 사용성: 단순하고 직관적인 디자인으로 사용 편의성 확보, 음성 및 손글씨(OCR) 인식으로 기록 편의성 극대화.
- 실시간 동기화: 교사와 학생 간 게임 상태 실시간 공유.
- 창의성 지원: AI 피드백을 통한 설명 구체화.

◆ 백엔드 요구사항
- 회원 인증: Firebase Authentication(교사: 이메일, 학생: 닉네임)으로 관리.
- 데이터 저장: 모든 게임 데이터는 Firebase Cloud Firestore에 실시간 저장 및 동기화. 명화 이미지는 Firebase 스토리지에 저장.
- AI 연동: Imagen API로 텍스트를 이미지로 변환하여 AI 이미지 생성, Gemini API로 작품과 감상 내용을 분석하여 텍스트 피드백 제공.
- 기타: 이미지 업로드 시 sharp 라이브러리로 성능 최적화. 모든 서버 로직은 Next.js Server Actions로 구현하여 보안 강화.

2) 웹 앱 최초 배포 및 실행 가이드

Firebase Studio 우측 상단 Publish 버튼을 눌러 웹 앱을 배포하고, Copy link 링크 버튼으로 웹 앱의 URL을 복사한 뒤 브라우저에서 실행합니다.

3. ACE CANVAS 앱 활용하기

'ACE CANVAS'를 교실에서 활용할 때의 몇 가지 팁입니다.

① 인공지능이 알려주는 감상의 노하우: 두 번째 라운드부터 제공되는 'AI 피드백' 기능을 활용해 학생들의 시야를 넓혀주세요. "그림에서 가장 눈에 띄는 부분은 무엇인가요?"와 같은 인공지능의 질문은 학생들이 기존의 단편적인 관점에서 벗어나 작품을 더 깊이 이해하도록 돕습니다.

② 경쟁과 협력이 만드는 풍부한 감상: 'ACE CANVAS'는 경쟁적 요소를 통해 학생들의 적극적인 참여를 유도합니다. 학생들은 친구들의 표를 얻기 위해 작품을 세밀하게 관찰하는 한편, 친구들의 감상을 살펴보며 다양한 관점을 배우고 영감을 얻기도 합니다. 활동 시작 전, 학생들이 서로를 경쟁자이자 협력자로 인식하도록 안내하여 활발한 상호작용을 유도해 주세요.

③ 데이터로 확인하는 학생들의 성취도: 교사는 게임 기록과 명예의 전당에 기록된 학생들의 작품을 학습 포트폴리오로 활용할 수 있습니다. 학생들의 투표는 동료 평가 데이터가 되고, AI가 생성한 이미지는 객관적인 척도가 됩니다. 이 데이터를 활용해 학생들의 감상 역량과 성장 과정을 분석하고 맞춤형 피드백을 제공해 보세요.

'ACE CANVAS'는 인공지능과 교육을 새로운 방식으로 융합한 실천적 시도입니다. 이 앱에서 기술은 수업의 주인이 아니라, 학생들의 주도적 탐구를 지원하는 하나의 도구로 활용됩니다. 혹자는 인공지능의 등장으로 교사의 역할이 축소될 것이라 이야기합니다. 그러나 교사는 여전히 학습 경험을 디자인하는 전문가로서, 적절한 기술을 교육적 맥락에 연결하는 핵심적인 역할을 하게 될 것입니다. 'ACE CANVAS'가 제시한 새로운 방향성이 영감이 되어, 기술과 교육을 융합한 또 다른 의미 있는 아이디어로 활짝 피어나기를 기대합니다.

(+) Firebase 앱 제작 TIP

앱을 개발하다 보면, 예상치 못한 오류를 만나 당황할 때가 있습니다. 이때 우리는 원인을 파악하고 해결책을 찾아 코드를 수정하는 디버깅 과정을 거쳐야 합니다. 디버깅은 단순히 오류를 고치는 행위를 넘어, 코드의 작동 원리를 이해하고 더 견고한 앱을 만드는 중요한 과정입니다. 지금부터 Firebase로 앱을 개발할 때 활용할 수 있는 효과적인 디버깅 방법 세 가지를 소개합니다.

첫 번째 오류 수정 방법은 Firebase Studio의 오류 해결 도구를 활용하는 것입니다. Studio Prototyper에서 앱을 제작하고 테스트하는 과정에서 오류가 발생하면, 테스트 화면 하단에 'Issue' 표시가 나타납니다. 이를 클릭하면 오류 메시지와 발생 위치가 팝업창으로 표시되는데, 우측 상단의 첫 번째 버튼을 클릭하면 오류 내용이 그대로 복사됩니다. 복사한 내용을 Studio Prototyper 채팅창에 입력하면 인공지능이 오류의 내용을 분석하여 코드를 수정합니다. 간혹 테스트 화면에 팝업창이 나타남과 동시에 채팅창에도 오류 메시지 팝업이 뜨는 경우가 있습니다. 이때는 'Fix Error' 버튼을 클릭하면 오류 내용이 자동으로 인공지능에 전달됩니다.

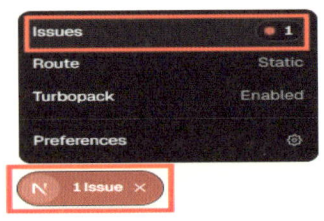 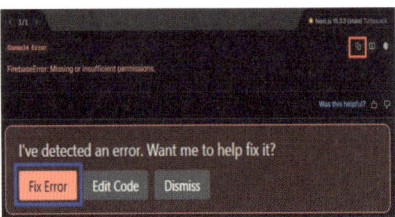

[그림 7] Firebase Studio에서 오류 메시지 확인 및 Fix Error 버튼 사용 예시

두 번째 방법은 웹 브라우저의 개발자 도구(Console)를 활용하여 오류를 진단하는 것입니다. 키보드에서 F12를 누르거나 마우스 우클릭 후 검사를 선택하면 개발자 도구가 열립니다. 상단 메뉴에서 Console 탭을 클릭하면 현재 페이지에서 발생한 상세 오류 메시지가 표시됩니다. 해당 메시지에는 오류 종류와 발생 위치(파일 경로, 줄 번호)가 포함돼 있어, 오류의 원인을 보다 구체적으로 파악하고 수정 방법을 모색할 수 있습니다.

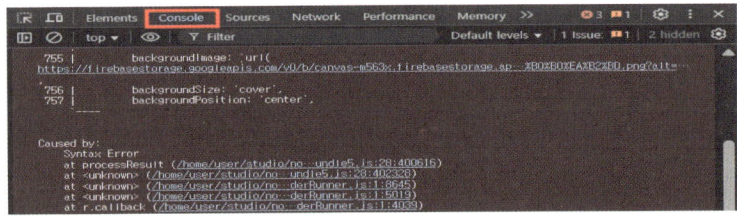

[그림 8] 개발자 도구 Console 탭에서 오류 코드 확인 화면

세 번째 방법은 Firebase Studio의 코드 탐색기 화면에서 Web Console을 확인하는 것입니다. 코드 탐색기 화면에서 Web Console을 열면 오류 메시지 우측에 'Help with this error' 버튼이 나타납니다. 이 버튼을 클릭하면 그 즉시 인공지능이 오류 원인을 분석하고, 권한 설정이나 보안 규칙 수정 등 구체적인 해결 방법을 제안해 줘 유용하게 활용 가능한 방법입니다.

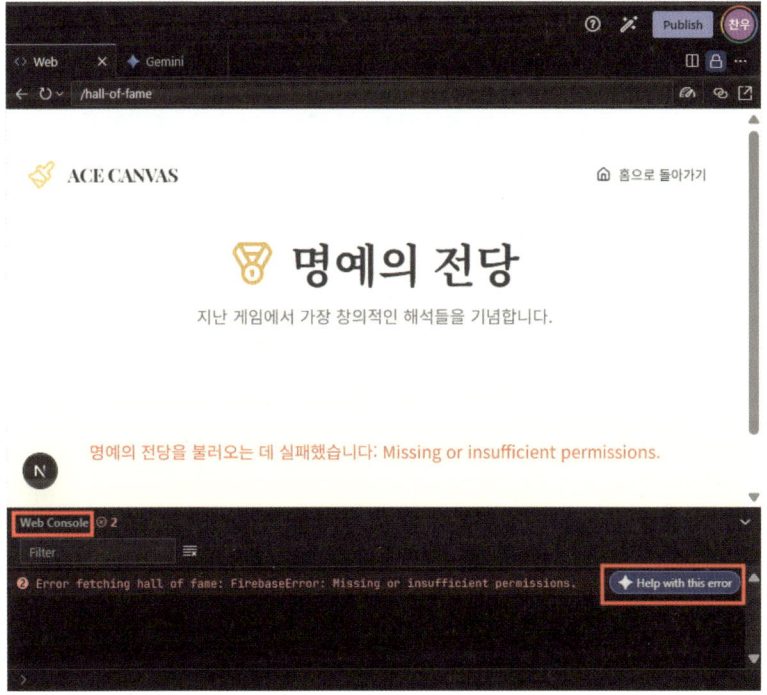

[그림 9] Firebase Studio의 Web Console 화면

`Firebase Studio`

타임튜터 앱

초등 교실에서는 다양한 과목과 활동이 이어지기 때문에, 학생들이 다음 활동을 미리 인지하고 준비하는 태도가 중요합니다. 하지만 현실에서는 "국어책 펴세요!", "이제 수학 시간이에요!" 같은 안내를 선생님이 매시간 반복해야 하고, 학생들은 종종 헷갈려 준비가 늦어지기도 합니다.

'타임튜터 앱'은 이런 상황을 해결하기 위한 시간 안내 웹 앱입니다. 기본 시간표가 설정되어 있고, 아침에 한 번만 수정해 두면, 앱을 켜놓기만 해도 각 교시 시작 시간에 맞춰 자동으로 음성 안내가 나옵니다. '이제 체육 시간입니다.'처럼, 학생들이 준비할 수 있도록 자연스럽게 돕는 것이죠.

음성 기능은 기본적으로 꺼져 있으며, 스피커 버튼을 누르면 활성화됩니다. 음성을 꺼놔도 현재 활동, 다음 활동, 남은 시간이 화면에 표시되어 시각적 안내만으로도 충분히 활용할 수 있습니다.

타임튜터 앱은 교사의 반복 안내를 줄이고, 학생에게는 스스로 준비하는 습관을 길러줍니다. 설치 없이 바로 사용할 수 있으며, 하루를 효율적으로 안내하도록 도와줍니다.

1. 타임튜터 앱의 특징

타임튜터 앱은 아이들이 스스로 시간의 흐름을 인식하고, 다음 활동을 예측하며 준비할 수 있도록 돕는 시간 안내 웹 앱입니다. 반복되는 말로 안내하지 않아도, 앱이 교실의 시간을 대신 안내해 줍니다.

선생님은 본질적인 수업과 학생 지도에 집중하고, 학생은 '언제 무엇을 해야 하는지'를 명확히 인지하게 됩니다.

1) 아침 한 번 입력으로, 하루가 달라집니다.

타임튜터 앱은 기본적인 일과 시간표가 이미 설정되어 있고, 필요에 따라 교시 이름과 시작·종료 시간을 손쉽게 조정할 수 있습니다.

아침에 오늘의 시간표를 한 번만 입력해 두면, 앱을 실행해 놓기만 해도 해당 시간이 되면 음성으로 활동을 자동 안내합니다.

예를 들어 "이제 미술 시간입니다."라는 음성이 나오고, 학생들은 자연스럽게 준비에 들어갑니다. 이 음성은 브라우저의 음성 합성 기능을 활용하며, 기본적으로는 꺼져 있지만 한 번 스피커 버튼을 눌러두면 자동으로 작동합니다.

2) 화면으로도, 소리로도 흐름을 안내합니다.

앱에는 현재 활동, 남은 시간, 그리고 다음 활동이 카드 형태로 깔끔하게 시각화되어 있어, 음성을 사용하지 않더라도 학생들이 시간의 흐름을 쉽게 파악할 수 있습니다.

특히 카운트다운 타이머가 함께 제공되어 "이제 2분 뒤 체육 시간이야"와 같이 예측하며 준비하는 습관이 자연스럽게 형성됩니다.

3) 선생님에게는 실용성, 학생에게는 자율성

이 앱은 Firebase 기반의 웹 앱으로, 별도의 설치 없이 PC나 태블릿에서 바로 실행할 수 있습니다. 선생님이 직접 시간표를 수정하거나 활동명을 간단히 바꿀 수 있으며, 학급 상황에 맞춰 조정도 가능 합니다.

무엇보다 중요한 건, 이 앱을 통해 학생이 스스로 준비하게 되는 교실 문화가 형성된다는 점입니다. 반복 안내에서 벗어나고 싶은 선생님, 스스로 움직이는 교실을 만들고 싶은 분이라면, 타임튜터 앱이 좋은 출발점이 되어줄 것입니다.

시간을 말로만 전달하던 교실에서, 이제는 시간 자체가 말하게 해 보세요. 타임튜터 앱과 함께라면, 교실은 흐름을 갖게 되고, 학생은 준비된 태도로 다음 수업을 맞이하게 됩니다. 이제 선생님은 "국어책 펴세요"대신, 진짜 수업을 시작할 수 있게 될 것입니다.

[그림 1] 타임튜터 앱 화면

2. 타임튜터 앱 제작하기

1) 타임튜터 웹 앱 제작 요청서

> 초등학교 학생들의 수업 진행을 효율적으로 안내할 수 있도록 '시간표 알림' 웹 앱을 제작합니다. 교사가 아침활동, 1교시~6교시, 점심시간 등의 시작 시간, 종료 시간, 활동명(또는 과목명)을 입력하고 해당 시작 시간이 되면 앱은 활동명을 화면 전체에 크게 표시하고 자동으로 음성 안내를 재생합니다. 또한 현재 활동의 남은 시간을 카운트다운 형식으로 보여주고, 다음 활동을 미리 안내합니다. 모든 시간표 데이터는 교사가 언제든지 수정·추가할 수 있도록 구성합니다. 이를 위해 Firebase를 활용하여 프론트엔드와 백엔드를 구분해 기능 명세서로 작성해 주세요.

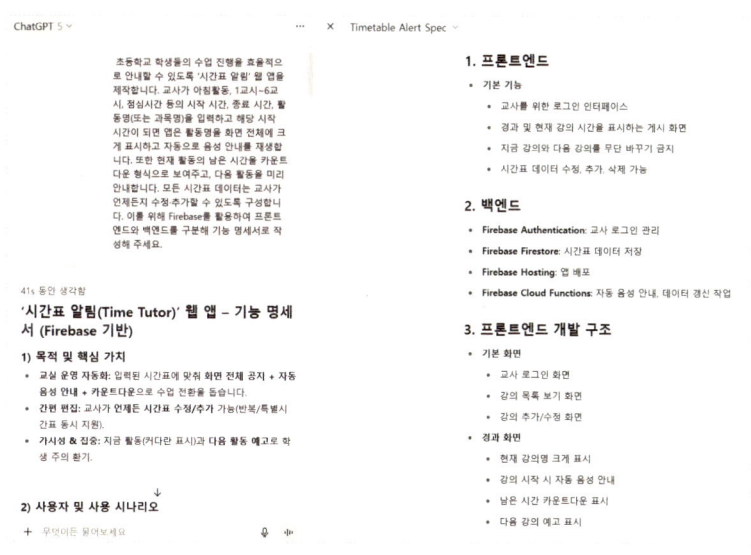

[그림 2] 앱 제작을 위한 프롬프트 입력 모습

완성도를 높이는 추천 프롬프트

◆ 프론트엔드 요구사항

① UI 구성 요소
- 좌측 패널: 오늘의 시간표 관리
- 활동(아침활동, 1~6교시, 점심시간)을 순서대로 표시
- 각 활동별로 활동명, 시작 시간, 종료 시간 입력 필드
- 현재 활동 카드: 활동명, 남은 시간(카운트다운), 시작~종료 시간 표시
- 다음 활동 카드: 활동명, 시작 시간 표시

② UX 기능
- 실시간 카운트다운: 현재 활동 남은 시간을 실시간으로 표시
- 시작 시간이 되면 자동으로 현재 활동이 업데이트되고, 화면 중앙에 크게 표시
- 음성 안내: 시작 시 자동으로 활동명 음성 출력(TTS 기능)
- 아이콘 표시: 활동 종류에 따라 직관적인 아이콘 표시(책, 연필, 음악, 식사 등)

◆ 백엔드(Firebase) 요구사항

① 데이터 저장 구조
- timetable 컬렉션 → 각 문서가 하루치 시간표 데이터
- 문서 필드: activityName(활동명), startTime(시작 시간, HH:mm), endTime(종료 시간, HH:mm), order(활동 순서)

② 동작 방식
- 앱 로딩 시 기본 시간표를 불러옴
- 현재 시간과 비교해 현재 활동과 다음 활동 자동 계산
- 시작 시간 도래 시: 현재 활동 변경
- 화면 중앙에 활동명 풀스크린 표시
- TTS(Text-to-Speech)로 활동명 음성 재생

③ 관리자 편집 기능 - 교사가 직접 활동명·시간 수정 가능

2) 웹 앱 최초 배포 및 실행 가이드

Firebase Studio에서 제작한 앱을 우측 상단 Publish – Copy link를 눌러 웹 앱으로 배포합니다.

웹 앱 예시: bit.ly/타임튜터앱

3. 타임튜터 앱 활용하기

학생들이 이 앱을 사용할 때, 교사가 함께 고려하면 좋은 몇 가지 팁이 있습니다.

① '시간 감각'보다 '준비 태도'를 강조합니다.

타임튜터 앱은 단순히 '지금 몇 시인지'를 알려주는 도구가 아니라, 학생이 시간의 흐름을 감지하고, 다음 활동을 스스로 준비하도록 돕는 도구입니다. 현재 활동, 다음 활동, 남은 시간이 카드 형태로 시각적으로 표시되기 때문에, 학생들은 수업 전환을 예측하며 준비할 수 있는 훈련을 자연스럽게 하게 됩니다.

단순히 "다음 수업은 뭐지?"라고 묻는 학생에게 답해주기보다는, "화면을 보고 한번 생각해 볼래?"라고 유도하면서 시간에 따라 움직이는 습관을 길러주는 것이 중요합니다.

처음에는 낯설어하더라도, 준비를 스스로 해냈을 때마다 칭찬과 격려를 곁들여주면 자율적 학습 태도 형성에 큰 도움이 됩니다.

② '알림 기능'보다 '수업 흐름'을 중심에 둡니다.

타임튜터 앱은 각 교시가 시작될 때 자동으로 음성 안내를 제공하는 기능이 핵심이지만, 이 앱의 진짜 가치는 수업 전체의 흐름을 교사와 학생이 함께 인식하고 조율할 수 있다는 점에 있습니다.

학생들이 "지금 무슨 시간이지?", "시간이 얼마 남았지?" 라고 자주 묻는 경우, 이 앱을 교실의 기준 시계처럼 활용해 보세요.

단순히 소리가 나오도록 앱을 켜두는 것에서 그치지 말고, 타이머에 맞춰 활동을 정리하거나 준비물을 꺼내는 루틴을 함께 설정하면 수업 전환이 훨씬 부드러워집니다.

또한 학생마다 속도나 집중력이 다르기 때문에, 남은 시간을 시각적으로 보여주는 것만으로도 부담 없이 자연스럽게 흐름을 따라갈 수 있게 됩니다.

무엇보다 아침에 한 번만 시간표를 설정해 두면, 앱이 자동으로 하루의 흐름을 안내해 주기 때문에 수업 중 반복 설명, 교시 전 혼란, 교과서 준비 지연 등 다양한 교실의 작은 문제를 줄여줄 수 있습니다.

결과적으로 타임튜터 앱은 교사는 수업 본질에 집중하고, 학생은 스스로 움직이는 교실을 만들어가는 데 큰 도움이 됩니다. 시간을 알려주는 도구를 넘어, 시간을 살아가는 태도를 함께 만들어가는 수업의 동반자로 이 앱을 활용해 보시길 권합니다.

Firebase Studio

수업 길잡이 주제 탐험가 앱

개념기반 학습(Concept-Based Learning)은 단편적인 사실이나 절차 암기에 그치지 않고, 핵심 개념과 원리를 중심으로 학습 내용을 조직해 다양한 상황에 적용하는 학습 접근 방식입니다. 오늘날 교육은 단일 지식을 오래 유지하는 것보다, 지식을 전이하고 재구성하는 능력을 더 중시합니다. 개념기반 학습은 학생이 새로운 문제 상황에 직면했을 때, 이미 알고 있는 개념을 토대로 분석하고 해결할 수 있는 힘을 길러줍니다.

효과적인 개념기반 학습을 위해서는 교사가 수업 전에 학생의 배경지식과 개념을 파악하는 것이 중요합니다. 이를 통해 수업 수준을 조정하고, 학습 결손이나 오개념을 조기에 수정할 수 있습니다. 사전 평가는 점수를 매기기 위한 절차가 아니라 맞춤형 수업과 학습 지원을 위한 자료 수집 과정으로, 이를 바탕으로 차별화된 과제와 목표를 설정할 수 있습니다. 학생은 기존 지식과 새로운 내용을 연결하며 깊이 있는 이해를 형성하고, 학습 동기와 참여도 역시 높아집니다.

따라서 수업 전 평가는 학습의 출발점을 명확히 하고 수업 방향을 구체화하는 핵심 과정입니다. 특히, 학생의 사전 지식을 손쉽게 평가할 수 있는 앱이 있다면 교사는 학습 수준을 효율적으로 진단하고, 그 결과를 토대로 맞춤형 수업을 준비하는 데 도움을 받을 것입니다.

1. 주제 탐험가 앱의 특징

'주제 탐험가(Topic Explorer)' 앱은 학생이 학습 주제에 대해 이미 알고 있는 내용, 더 알고 싶은 점, 흥미도를 정리하고, AI 선생님의 맞춤 피드백을 받을 수 있는 웹 기반 학습 도구입니다. 이를 통해 교사는 수업 전 학생의 배경지식과 관심사를 빠르고 체계적으로 파악해 맞춤형 수업을 준비할 수 있습니다.

1) 이미 알고 있는 내용 파악

학생이 주제와 관련해 알고 있는 내용을 입력하면, 교사는 사전 지식 수준을 파악해 수업 난이도와 자료를 조정할 수 있습니다.

2) 더 알고 싶은 점 기록

학생이 궁금한 질문을 입력하면, 이를 반영해 학생 주도형 탐구 수업을 설계할 수 있습니다.

3) 흥미도 점수화

주제에 대한 흥미를 1~10점으로 평가해 평균과 편차를 분석하고, 수업 도입·확장 방향을 결정합니다.

4) AI 피드백 제공

AI가 학생 입력을 분석해 잘 알고 있는 개념, 칭찬할 점, 보완할 점, 확장 주제를 안내하며, '이미 아는 내용'과 '더 알아야 할 내용'을 구분해 자기 주도 학습력을 높입니다.

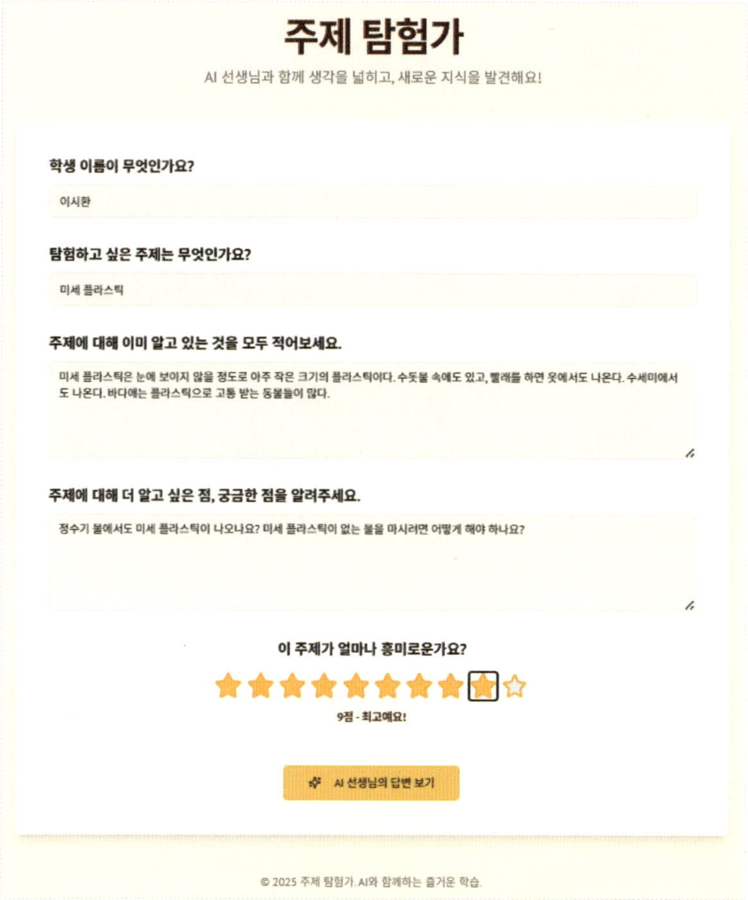

[그림 1] 주제 탐험가 앱의 질문에 응답하기

주제 탐험가

AI 선생님과 함께 생각을 넓히고, 새로운 지식을 발견해요!

AI 선생님의 따뜻한 피드백

와, 미세 플라스틱에 대해 벌써 이렇게 많이 알고 있다니 정말 대단해! 마치 아주 작은 플라스틱 조각들이 우리 눈에는 안 보이지만 여기저기 숨어있는 걸 알아챈 탐정 같아! 네가 알고 있는 것처럼, 미세 플라스틱은 정말 '아주아주 작은' 플라스틱인데, 우리 눈에 잘 보이지 않을 정도로 작아서 마치 먼지 같아. 수세미로 설거지를 하거나 옷을 빨 때도 조금씩 떨어져 나올 수 있고, 심지어 우리가 마시는 물에도 있을 수 있다니 정말 놀랍지? 특히 바다에 버려진 플라스틱 때문에 힘들어하는 동물들 이야기는 마음이 아파. 궁금해하는 정수기 속 미세 플라스틱은, 정수기 필터 종류에 따라 걸러지는 정도가 다르다고 해. 혹시 '활성탄'이라는 필터를 들어봤니? 활성탄은 아주 작은 구멍이 많아서, 마치 스펀지처럼 미세 플라스틱을 쏙쏙 빨아들여 깨끗하게 걸러주는 역할을 해. 하지만 모든 미세 플라스틱을 완벽하게 걸러내기는 어렵지. 미세 플라스틱을 줄이기 위해 우리가 할 수 있는 일은 플라스틱 사용을 줄이고, 분리수거를 열심히 하는 거야. 앞으로는 미세 플라스틱이 우리 몸에 어떤 영향을 주는지, 그리고 환경을 위해 우리가 또 어떤 노력을 할 수 있을지 더 탐구해 보면 정말 멋진 연구가 될 거야!

✨ 이미 잘 알고 있어요!
학생은 미세 플라스틱의 정의, 발생 원인(수세미 사용, 세탁), 환경 오염 문제(해양 동물 고통)를 잘 알고 있습니다.

💡 더 탐험해봐요!
학생은 정수기 필터의 종류와 미세 플라스틱 제거 효과, 미세 플라스틱이 인체에 미치는 영향, 미세 플라스틱 저감 방안에 대해 더 알아볼 필요가 있습니다.

✈ 선생님께 제출하기

© 2025 주제 탐험가. AI와 함께하는 즐거운 학습.

[그림 2] AI 선생님의 피드백 받고 선생님께 제출하기

2. 주제 탐험가 앱 제작하기

1) Firebase Studio를 활용한 생성형 AI·Google Sheets 연동

'주제 탐험가' 앱은 Firebase를 기반으로 생성형 AI(Gemini)와 Google Sheets를 연동해 제작합니다. 이를 위해 API 키 발급, 스프레드시트 생성, Apps Script(웹훅) 설정의 세 단계를 거칩니다.

가) API 키 발급

Google AI Studio에 접속 후 Gemini API 키를 발급받습니다. 발급된 API 키를 복사해 두고, 이후 앱 코드에 적용합니다.

나) 새 구글 스프레드시트 만들기

구글 계정에 로그인한 뒤 스프레드시트를 생성합니다. 시트 이름을 변경하고 1행에 다음과 같이 헤더를 입력합니다.

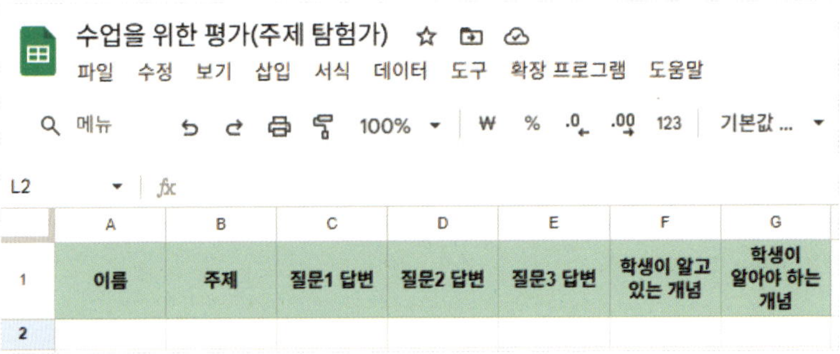

[그림 3] 스프레드시트 생성 후 헤더 입력하기

다) Apps Script 웹훅 만들기

Apps Script를 통해 웹훅을 설정하면 앱에서 입력한 데이터가 Google Sheets에 저장됩니다. 코딩이 익숙하지 않다면 Gemini나 ChatGPT의 도움을 받아 Apps Script 코드를 미리 준비할 수 있습니다.

Firebase Studio로 '주제 탐험가 앱'을 만들 거야. 이 앱에서 사용자가 입력한 데이터를 Google 스프레드시트로 수집하고 싶어. 시트의 1행 헤더는(...) 이야. Apps Script(웹훅) 코드를 작성해 줘.

> Firebase Studio로 '주제탐험가 앱'을 만들 거야. 이 앱에서 사용자가 입력한 데이터를 Google 스프레드시트로 수집하고 싶어. 시트의 1행 헤더는 이름, 주제, 질문1 답변, 질문2 답변, 질문 3답변, 학생이 알고 있는 개념, 학생이 알아야 하는 개념이야. Apps Script(웹훅) 코드를 작성해 줘

좋아요! Firebase Studio에서 Webhook으로 보내는 JSON을 받아 **Google** 스프레드시트에 한 줄씩 저장하는 **Apps Script(Web App)** 예시를 준비했어요.
아래 코드를 그대로 붙여넣고 배포하면 됩니다.

1) 시트 준비

- 스프레드시트 1행(헤더)을 다음 순서로 만들어 두세요:
  이름 | 주제 | 질문1 답변 | 질문2 답변 | 질문3 답변 | 학생이 알고 있는 개념 | 학생이 알아야 하는 개념

시트 탭 이름은 기본값 Sheet1 로 두거나, 코드의 SHEET_NAME 을 원하는 이름으로 바꾸면 됩니다.

2) Apps Script 코드

```javascript
/***** 설정값 *****/
const SPREADSHEET_ID = SpreadsheetApp.getActive().getId(); // 같은 파일에 붙여넣는 경우 그대로 사용
const SHEET_NAME = 'Sheet1'; // 스프레드시트 탭 이름

// 기대하는 헤더(1행), 순서가 중요합니다.
const HEADER = [
  '이름',
  '주제',
  '질문1 답변',
                        ↓
```

[그림 4] ChatGPT로 Apps Script 코드 작성하기

Apps Script 코드가 준비되었다면 다음과 같이 작성해서 배포합니다.

① 스프레드시트 상단 메뉴에서 [확장 프로그램] → [Apps Script] 클릭

② 준비한 Apps Script 코드 붙여넣기

③ 상단 디스크 아이콘(저장) 클릭

[그림 5] Apps Script 코드 입력 후 저장, 배포하기

④ [배포] → [새 배포]를 선택하고, 유형을 "웹 앱"으로 설정

⑤ 액세스 권한을 "모든 사용자" 또는 "링크가 있는 모든 사용자"로 지정

⑥ 배포를 클릭하고 발급된 URL(…/exec)을 복사

이 주소가 웹훅 주소이며 이후 코드를 수정하면 [배포 관리] → [새 버전 배포]를 진행해야 변경 사항이 반영됩니다.

2) Firebase Studio를 활용한 앱 제작 과정

가) 아이디어 구체화

앱을 만들기 위해 주요 사용자를 초등학교 5~6학년 영재학급 학생으로 설정했습니다. 학생들이 주제를 탐구하고 AI 피드백을 받으며 학습 결과를 저장할 수 있도록 기능과 화면 구성을 문장으로 정리합니다.

'주제 탐험가(Topic Explorer)'는 초등학교 5~6학년 영재학급 학생이 학습 주제에 대해 이미 알고 있는 내용과 더 알고 싶은 점을 입력하고, 흥미도를 별점으로 표시하는 앱이야. 입력 내용에 따라 AI 선생님의 맞춤형 피드백을 받을 수 있고 결과는 Google Sheets에 자동 제출돼. 보기 좋은 카드 형태로 표시해 주고 밝고 부드러운 색감, 둥근 글꼴, 귀여운 별 아이콘을 사용해 줘. 로딩 시 하트 애니메이션이 나타나게 해 줘.

Prototype an app with AI

'주제탐험가(Topic Explorer)'는 초등학교 5~6학년 영재학급 학생이 학습 주제에 대해 이미 알고 있는 내용과 더 알고 싶은 점을 입력하고, 흥미도를 별점으로 표시하는 앱이야. 입력 내용에 따라 AI 선생님의 맞춤형 피드백을 받을 수 있고 결과는 Google Sheets에 자동 제출돼. 보기 좋은 카드 형태로 표시해 주고 밝고 부드러운 색감, 둥근 글꼴, 귀여운 별 아이콘을 사용해줘. 로딩 시 하트 애니메이션이 나타나게 해줘.

◇ Improve prompt

Prototype with AI →

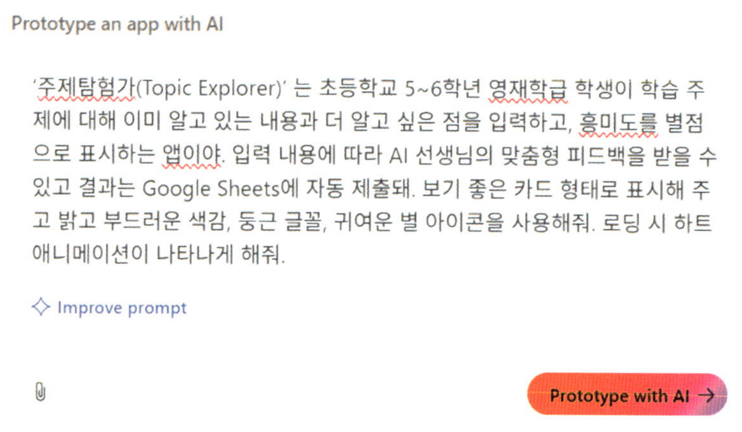

[그림 6] 앱 제작을 위한 프롬프트 입력하기

나) Firebase Studio 프롬프트 입력 및 프로토타입 생성·수정

Firebase Studio의 메인 화면에서 자연어 프롬프트를 입력하고 'Prototype with AI'를 클릭하면 App Blueprint(청사진)으로 앱의 핵심 기능을 확인할 수 있습니다. 확인 후 'Prototype this APP'을 클릭하여 앱 프로토타입을 생성합니다.

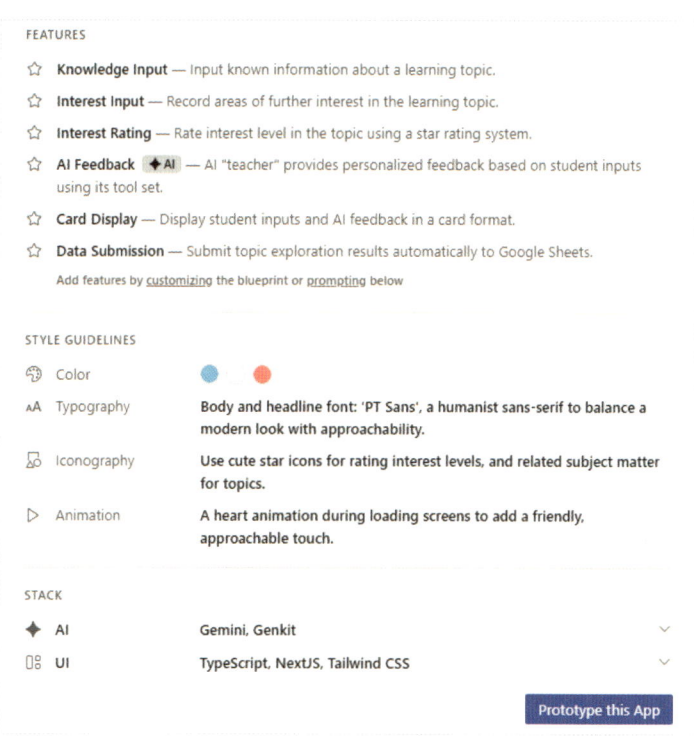

[그림 7] 청사진으로 앱 설계 확인하기

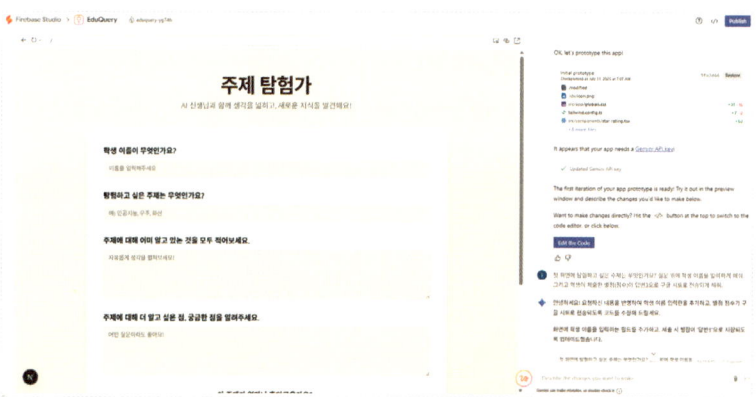

[그림 8] 완성된 앱 프로토타입 확인하고 수정하기

3) 앱 제작 마무리 및 미리보기

Firebase Studio에서 앱의 기능과 화면 구성을 모두 완성한 뒤 화면 상단의 미리보기 링크를 통해 앱이 정상적으로 작동하는지 확인합니다. 앱이 완성되면 Publish버튼으로 배포하고 공유 링크로 앱을 바로 사용할 수 있습니다.

완성도를 높이는 추천 프롬프트

◆ 프론트엔드 요구사항
  ① 주제 입력: 탐구할 주제를 입력
  ② 알고 있는 내용 작성: 주제와 관련해 이미 알고 있는 내용을 작성
  ③ 더 알고 싶은 점 작성: 궁금하거나 배우고 싶은 내용을 작성
  ④ 흥미도 별점 주기: 1~10점까지 별 클릭, 기본은 흰색 별이며 클릭 시 노란색으로 변함. 별 아래에 점수별 설명 문구 표시(예: "6점 - 정말 재미있어요!")
  ⑤ AI 피드백 받기:
    - 버튼 클릭 시 하트 아이콘과 "AI 선생님이 생각 중이에요…" 로딩 애니메이션 출력
  ⑥ 피드백 화면 구성:
    - "이미 잘 알고 있어요!" 카드 → 이해한 개념과 생활 속 예시 제시
    - "내가 더 알아야 할 것" 카드 → 부족한 개념과 관련 주제 제안
  ⑦ 제출하기 버튼: 클릭 시 입력 내용, 별점, AI 피드백이 Google Sheets에 저장

◆ 백엔드 요구사항
  ① 데이터 저장: 이름, 주제, 알고 있는 내용, 궁금한 점, 별점, AI 피드백 요약을 Google Sheets에 전송
  ② AI 연결(Gemini API): 학생의 입력과 별점을 기반으로 맞춤 피드백 생성, 초등학생 눈높이에 맞춘 친절한 문장 사용
  ③ API 호출 방식: POST 방식으로 Webhook에 JSON 형식 데이터 전송
  ④ 보안 처리: 개인정보 보호를 위해 학생 이름은 화면에 표시하지 않고, AI 피드백에도 포함하지 않음

3. 주제 탐험가 앱 활용하기

주제 탐험가 앱을 활용해서 수업을 준비해 봅시다. 대단원 도입이나 프로젝트 시작 전에 학생이 주제에 대해 알고 있는 내용을 상세히 작성하고, 이어서 더 탐구하고 싶은 내용이나 궁금한 점을 질문으로 기록합니다. 마지막으로 주제에 대한 흥미도를 별점으로 선택한 뒤 'AI 선생님의 답변 보기'를 클릭합니다.

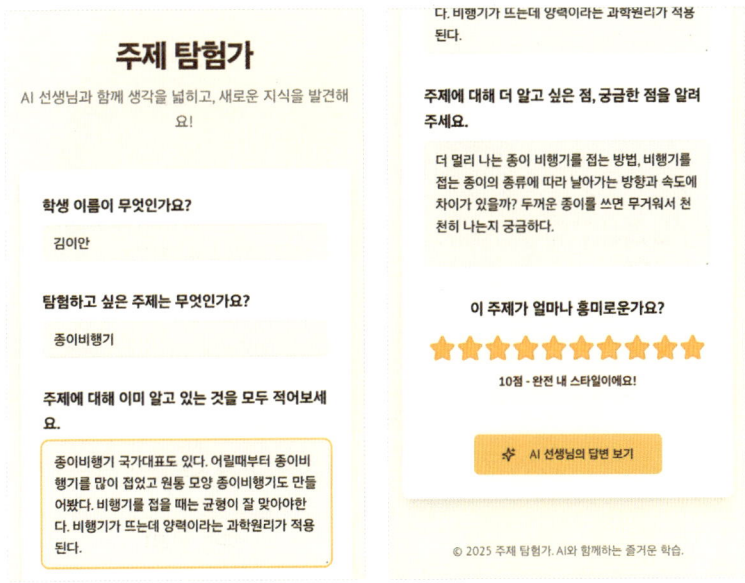

[그림 9] 주제 탐험가 앱에 내용 입력하고 별점 표시하기

AI 선생님의 피드백을 통해 탐구해야 할 세부 주제를 파악하고 탐구의 방향을 구체화하며, 모호하게 알고 있던 이론이나 용어도 정확히 이해할 수 있습니다. 내용을 확인한 뒤 '선생님께 제출하기'를 누르면 제출됩니다.

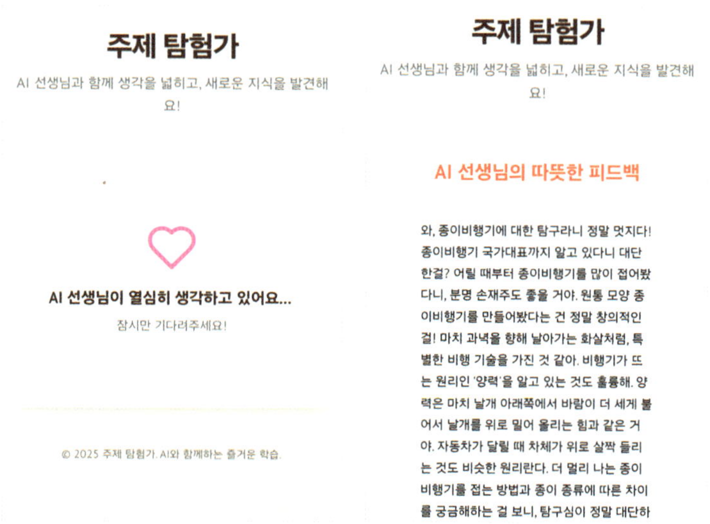

[그림 10] AI 선생님의 답변 보기

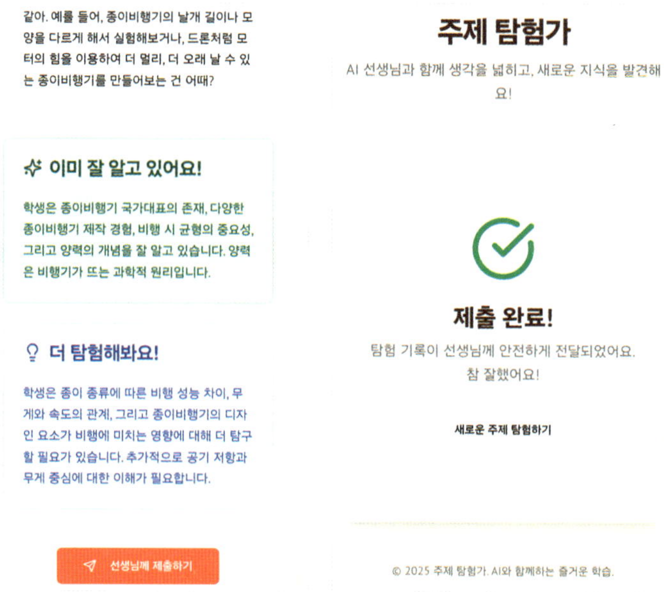

[그림 11] 선생님께 제출하기 후 제출 완료

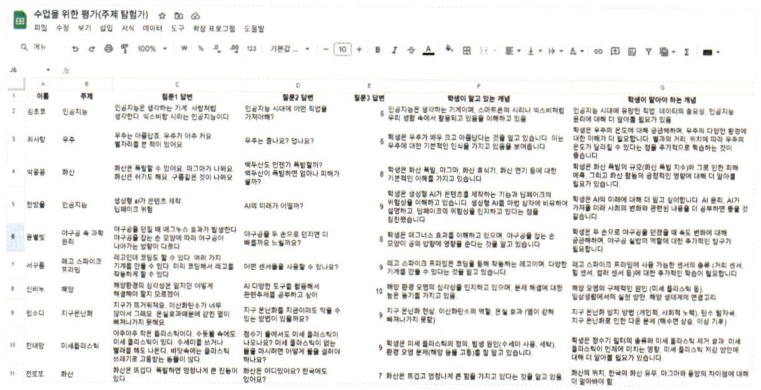

[그림 12] Google Sheets에서 제출 내용 및 AI 피드백 확인

'주제 탐험가' 앱에 학생이 입력·제출한 결과는 자동으로 Google Sheets에 저장되어 교사가 한눈에 확인할 수 있습니다. 교사는 이를 통해 학생의 배경지식을 파악하고, 수업의 난이도와 방향을 조정할 수 있습니다. 학생들의 '더 알고 싶은 점'을 모아 수업의 탐구 질문(Driving Question)으로 설정하면 학습 흥미를 높일 수 있으며, 별점 기능을 활용해 관심 정도를 파악하고 그에 맞춰 심화 과제나 보조 활동을 제공할 수 있습니다.

'주제 탐험가' 앱은 학생의 사전 지식, 학습 욕구, 흥미도를 한눈에 파악하여 개별화·맞춤형 수업을 설계할 수 있게 하며, 교사의 수업 준비와 운영 효율성을 높여 줍니다. AI는 학생의 창의적인 표현을 구체적으로 칭찬하고 관련 주제를 제안하여 학습이 다른 영역으로 확장되도록 지원합니다. 이러한 강점을 바탕으로 '주제 탐험가' 앱이 학생 중심의 수업 실현과 교사의 효과적인 수업 설계를 위한 길잡이가 되리라 기대합니다.

Lovable

Lovable은 직접 인터페이스를 디자인하며, 코드로 바로 추출해 사용할 수 있어 제품 기획과 코딩의 감각을 동시에 키울 수 있습니다. 손쉽게 UI를 제작하고 프로토타입을 바로 테스트할 수 있어서, 창의적인 아이디어를 실제 코드로 연결하는 재미가 쏠쏠해요.

Lovable

즐거운 빙고 놀이터

　학습 현장에서 학생들의 주의와 흥미를 끌어내는 방법은 다양하지만, 그중 '게임'은 학습 동기를 높이는 강력한 도구입니다. 특히 빙고 게임은 규칙이 단순하고 변형이 자유로워 교과 수업에 쉽게 적용할 수 있습니다. 정해진 칸에 숫자·단어·문장을 적고, 제시어를 들으며 줄을 완성하는 단순한 구조 속에서 학생들은 몰입과 성취의 즐거움을 느낄 수 있습니다.

　빙고 게임은 재미뿐 아니라 학습에도 도움이 됩니다. 제시어를 듣고 해당 칸을 찾는 과정에서 집중력과 순발력이 향상되고, 반복 노출로 기억력과 어휘력이 확장됩니다. 개인전은 도전 의식을, 모둠전은 협력과 의사소통 능력을 키우며, 시각·청각 피드백은 즉각적인 성취감을 제공합니다.

　수업에서는 도입에 쉬운 주제를, 전개에는 적절한 난이도의 활동을, 정리에는 복습과 성취감을 높이는 방식으로 활용할 수 있습니다. 이러한 빙고 놀이를 더 쉽고 재미있게 즐길 수 있는 '즐거운 빙고 놀이터' 앱을 Lovable 바이브 코딩으로 만들어 보겠습니다.

1. 즐거운 빙고 놀이터의 특징

1) 쉽고 간단하게 즐기는 디지털 빙고 게임

기존 교실 빙고 게임은 종이에 칸을 인쇄해 나눠주거나 직접 그린 뒤, 학생들이 손글씨로 내용을 채워 시작했습니다. 그러나 학생마다 작성 속도가 다르고, 게임 중 몇 줄을 완성했는지 헷갈려 빙고를 외치지 못하거나, 목표 줄 수를 달성한 경우에도 교사가 일일이 줄을 세어 확인해야 하는 번거로움이 있었습니다.

이런 불편을 해결하기 위해, 누구나 빠르고 손쉽게 빙고 게임을 만들고 진행할 수 있는 교육용 앱을 고안했습니다. 교사나 학생이 만든 빙고판을 공유하면 참가자별로 칸을 무작위로 섞어 변별력 있는 게임이 가능하며, 게임 중 빙고 줄 수가 자동 계산·표시되어 진행이 훨씬 간편해집니다.

2) 누구나 만들고 공유할 수 있는 빙고판

이 빙고 앱은 노트북, 태블릿PC, 스마트폰 등 다양한 기기에서 3×3부터 6×6 크기까지 선택해 사용할 수 있습니다. 각 칸에는 자유롭게 텍스트를 입력할 수 있고, 게임 모드에서 칸을 클릭하면 선택·해제가 가능하며, 실시간으로 빨간 선과 빙고 개수가 표시됩니다. 제작한 빙고판은 링크로 공유할 수 있으며, '랜덤 섞기' 기능으로 같은 빙고판이라도 결과가 달라집니다. 게임 결과는 직관적으로 확인할 수 있고, 이미지를 저장하거나 '다시 시작' 기능으로 텍스트를 유지한 채 초기화해 반복 활용할 수 있습니다.

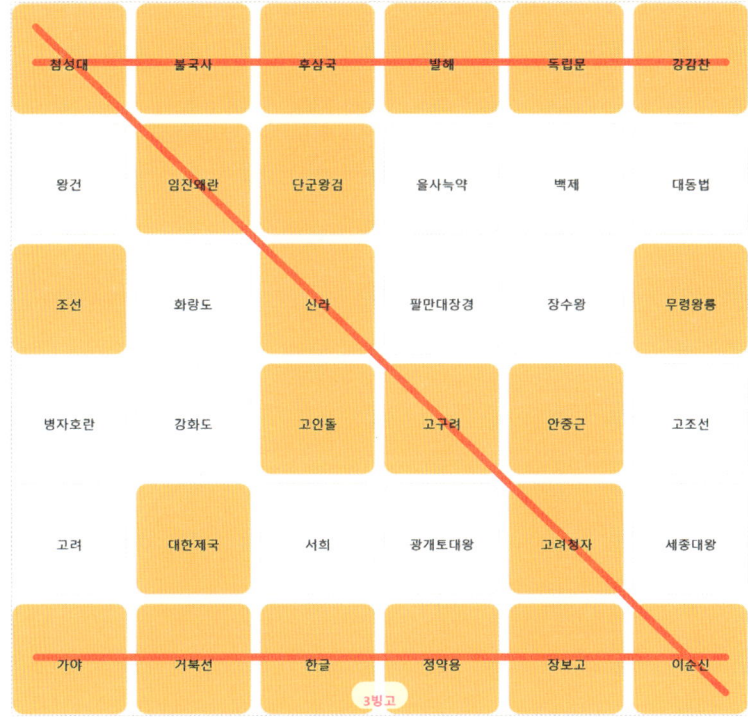

[그림 1] 즐거운 빙고 놀이터 앱으로 역사 단어 게임하기

2. 즐거운 빙고 놀이터 제작하기

1) Lovable이란?

가) 바이브 코딩 초보자도 쉽게 사용 가능한 AI 도구

Lovable은 대화하듯 말로 설명만 하면 웹 애플리케이션을 자동으로 제작해 주는 AI 도구입니다. 프로그래밍을 전혀 모르는 교사도 "이런 기능이 있었으면 좋겠다"라고 말하기만 하면, AI가 화면 디자인부터 내부에서 작동하는 시스템까지 모두 구현해 줍니다.

복잡한 코딩 지식 없이도 학급 관리 도구나 간단한 교육용 애플리케이션을 손쉽게 만들 수 있어 바쁜 교육 현장에서 꼭 필요한 맞춤형 도구를 직접 제작하여 활용할 수 있습니다. 처음 사용하는 사람도 부담 없이 시작할 수 있을 만큼 직관적이면서, 필요에 따라 더 복잡한 기능까지 확장할 수 있는 유연한 플랫폼입니다.

나) Lovable 가입하기

Lovable 공식 사이트(lovable.dev)에 접속한 후 상단의 "Get started" 버튼을 클릭하면 다양한 계정을 활용하여 가입할 수 있습니다.

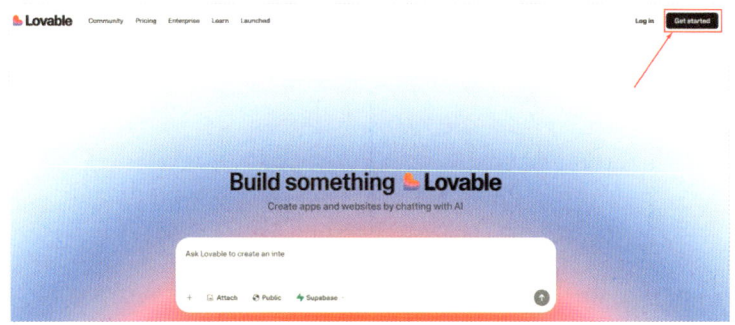

[그림 2] Lovable(lovable.dev) 회원 가입

가입을 완료하면 즉시 대시보드에 로그인되어, 첫 번째 프로젝트를 바로 시작할 수 있습니다. 그다음, 프로젝트 설명 텍스트만 입력하면 AI가 자동으로 UI, 백엔드, 데이터베이스 구조까지 생성해 줍니다. 필요할 경우 GitHub 연동이나 커스터마이징도 손쉽게 진행할 수 있습니다.

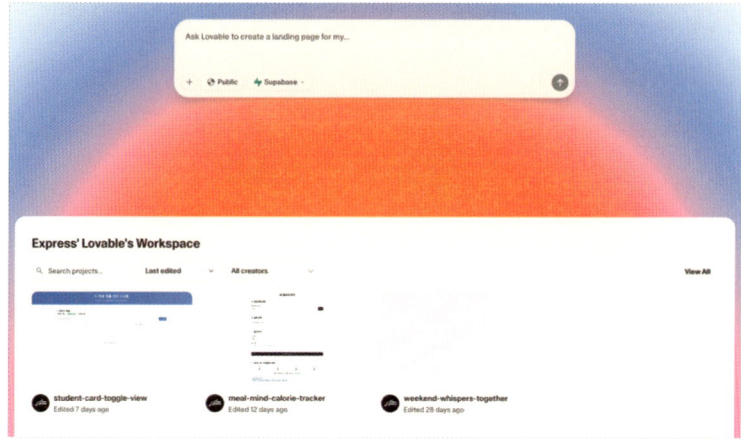

[그림 3] Lovable(lovable.dev) 기본 프롬프트 화면

2) Lovable의 장단점과 효과적인 활용법

가) 장점

Lovable은 디자인 완성도가 높아 앱 화면을 깔끔하게 자동 구성해 주고, 테스트와 배포 과정도 간단해 초보자도 쉽게 원하는 결과물을 만들 수 있습니다. 복잡한 프로그래밍 지식 없이 자연어로 기능을 설명하면 앱을 제작할 수 있어, 처음 앱 개발에 도전하는 사람에게 특히 적합합니다. 이를 통해 초보자는 제작부터 배포까지 전 과정을 경험하며 자신감을 쌓을 수 있습니다.

나) 단점

Lovable의 무료 버전에서는 하루 5크레딧만 제공되기 때문에, 복잡한 기능 구현이나 잦은 오류 수정이 어렵습니다. 또한 1회 요청 시 난이도와 작업량에 따라 2~3크레딧이 차감되기도 합니다. 이 때문에 실제로는 3회 정도만 요청이 가능합니다.

크레딧은 주로 빌드·수정 요청 시 차감되며, 요청별 크레딧 사용량은 대화 첫 응답 상단의 메뉴(…)에서 Credits used를 통해 확인할 수 있습니다. 빙고 앱을 수정하는 요청에는 2.3크레딧이 사용되었고 0.7크레딧이 남은 것을 알 수 있습니다.

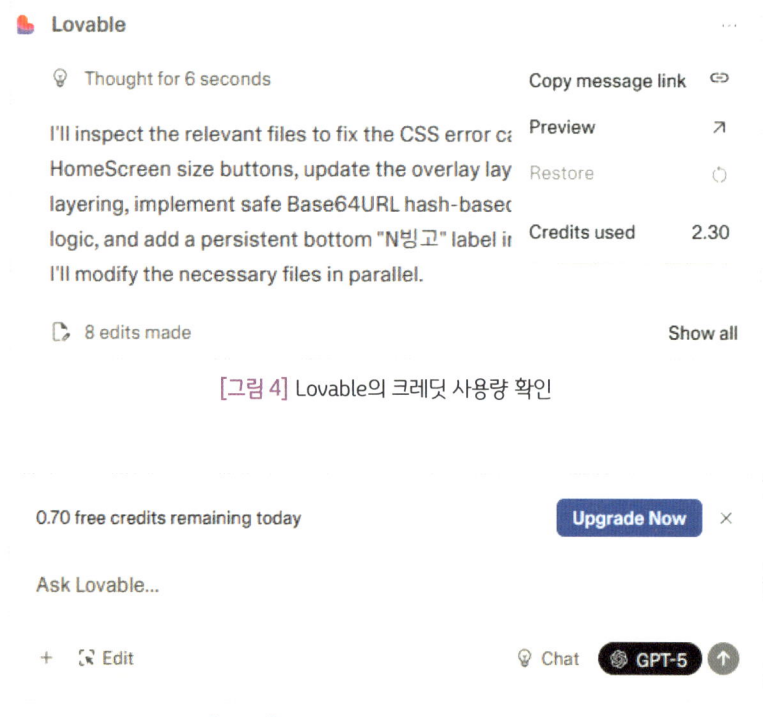

[그림 4] Lovable의 크레딧 사용량 확인

[그림 5] Lovable의 일일 잔여 크레딧 확인

다) 크레딧 절약 팁

효율적인 사용을 위해서는 스타일, 기능, 배포 요청을 한 번에 묶어 구체적으로 작성해 불필요한 요청을 줄이는 것이 중요합니다. Lovable에 바로 프롬프트를 입력하기보다, ChatGPT나 Gemini와 먼저 대화를 나누며 요구사항을 충분히 구체화한 뒤 한 번에 입력하면 크레딧을 절약하고 작업 효율을 높일 수 있습니다.

3) Lovable을 활용한 앱 제작 과정

가) 아이디어 구체화 및 프롬프트 작성

앱에 포함할 핵심 기능과 화면 구성을 목록화합니다. 예를 들어, 빙고 판 크기 선택, 칸 입력, 랜덤 섞기, 이미지 저장, 공유 링크 생성 등 주요 기능을 정리하고, 각 기능이 어떤 화면에서 어떤 방식으로 작동할지 흐름을 구상합니다.

나) ChatGPT와의 대화

무료 크레딧으로 최대한 좋은 결과물을 만들기 위해서는 바로 Lovable에 입력하기보다 ChatGPT나 Gemini와 대화하며 프롬프트를 구체화합니다. 필요한 기능과 UI 요소를 정리하고, 구현 방식에 대한 제안을 받아 최종 요청문을 완성합니다.

Lovable로 빙고놀이 웹 앱을 만들려고 해. 웹 앱은 첫 화면에서 3×3, 4×4, 5×5, 6×6 중 원하는 크기를 선택하면 즉시 빈 빙고판이 생성돼. 각 칸에 글자를 입력하고 '게임 시작'을 누르면 게임 모드로 전환되고, 게임 모드에서는 칸을 클릭하면 밝은 노란색으로 표시되고 다시 클릭하면 해제돼. 가로·세로·대각선 한 줄이 완성되면 빨간 선이 그어지고 "1빙고!", "2빙고!" 등 현재 빙고 수가 팝업으로 표시돼. 줄이 깨지면 선과 개수 표시도 즉시 사라져. 글자는 선 위에 표시되어 가려지지 않게 해 줘. 완성된 빙고판은 글자·선·표시가 잘리지 않도록 이미지로 저장할 수 있어. '홈으로 가기' 버튼으로 새 빙고를 만들 수 있고 버튼은 화면 중앙에 크게 배치하고 글자는 굵고 선명하게 구성해 줘. 이 프롬프트를 구체적으로 정리해 줘.

Lovable로 빙고놀이 웹 앱을 만들려고 해. 웹 앱은 첫 화면에서 3×3, 4×4, 5×5, 6×6 중 원하는 크기를 선택하면 즉시 빈 빙고판이 생성돼. 각 칸에 글자를 입력하고 '게임 시작'을 누르면 게임 모드로 전환되고, 게임 모드에서는 칸을 클릭하면 밝은 노란색으로 표시되고 다시 클릭하면 해제돼. 가로·세로·대각선 한 줄이 완성되면 빨간 선이 그어지고 "1빙고!", "2빙고!" 등 현재 빙고 수가 팝업으로 표시돼. 줄이 깨지면 선과 개수 표시도 즉시 사라져. 글자는 선 위에 표시되어 가려지지 않게 해 줘. 완성된 빙고판은 글자·선·표시가 잘리지 않도록 이미지로 저장할 수 있어. '홈으로 가기' 버튼으로 새 빙고를 만들 수 있고 버튼은 화면 중앙에 크게 배치하고 글자는 굵고 선명하게 구성해줘. 이 프롬프트를 구체적으로 정리해줘.

좋습니다 👍 말씀하신 내용을 Lovable에서 바로 활용할 수 있도록 구체적이고 구조화된 프롬프트로 정리해드릴게요.

📌 **정리된 Lovable용 프롬프트**

목표
초등학생도 쉽게 사용할 수 있는 직관적이고 깔끔한 **빙고놀이 웹 앱을 만들려고 해.**

기능 요구사항

1. 홈 화면
   - 3×3, 4×4, 5×5, 6×6 중 원하는 크기를 선택하면 즉시 빈 빙고판이 생성돼.
2. 편집 모드
   - 각 칸에 글자를 직접 입력할 수 있어.
   - '게임 시작' 버튼을 누르면 게임 모드로 전환돼.
3. 게임 모드
   - 칸을 클릭하면 밝은 노란색으로 표시되고, 다시 클릭하면 해제돼.
   - 가로·세로·대각선 한 줄이 완성되면 빨간 선이 그어지고 "1빙고!", "2빙고!" 같은 팝업이 표시돼.

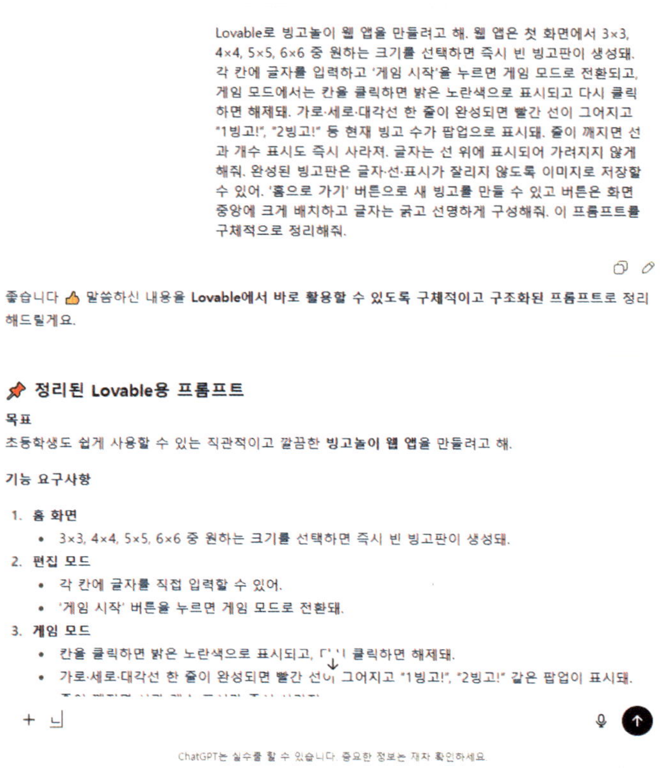

[그림 6] ChatGPT와 프롬프트 다듬기

다) 프롬프트 입력 및 프로토타입 생성

정리한 프롬프트를 Lovable에 입력하면, 초기 형태의 앱이 생성됩니다. 이후 세부 조정을 통해 완성도를 높입니다.

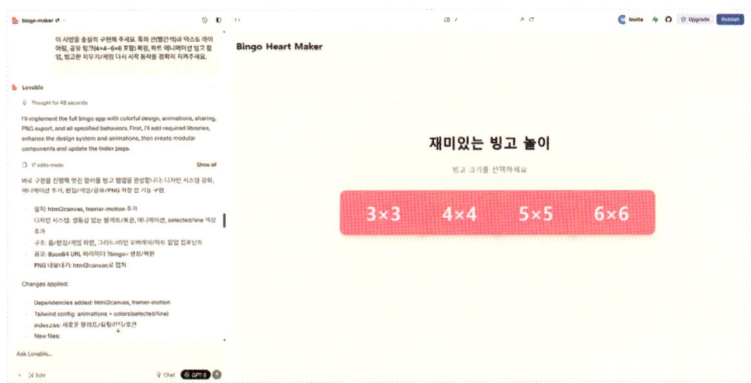

[그림 7] 프롬프트 입력하여 프로토타입 생성하기

라) 오류 해결 및 수정하기

프로토타입을 실행해 보며 필요한 수정 사항을 한 번에 묶어 요청합니다. 단순 오류 발생시 Error 메시지가 뜨면 'Try-to-fix' 버튼을 눌러 해결하고, UI 변경이나 기능 추가는 구체적으로 지시합니다.

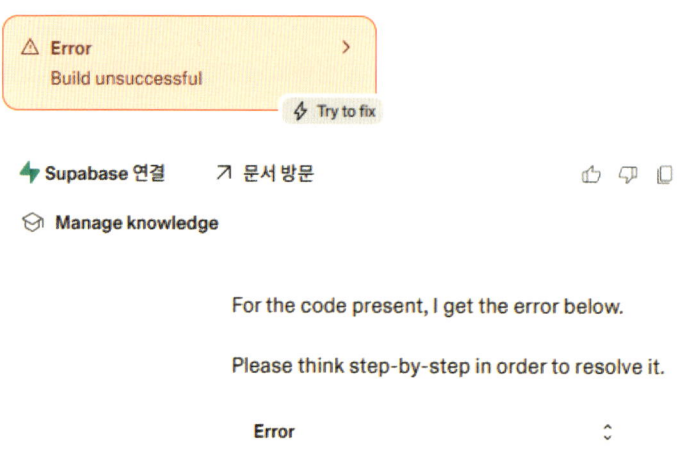

[그림 8] 오류(Error) 발생시 Try to fix 클릭하기

마) 배포하기

기능과 화면을 최종 점검한 후, Publish 기능으로 앱을 배포합니다. 다양한 기기에서 화면과 동작을 확인하고, 필요시 수정 후 재배포합니다.

완성도를 높이는 추천 프롬프트

◆ **프론트엔드 요구사항**

① 화면 구성:
　홈 화면 – 빙고 크기(3×3, 4×4, 5×5, 6×6) 선택
　편집 화면 – 각 칸에 글자 입력
　게임 화면 – 칸 클릭으로 빙고 완성 진행

② 입력 기능: 편집 화면에서 입력한 글자는 즉시 반영되며, 커서가 사라지지
　　　　　　않고 Tab 키로 다음 칸으로 이동 가능

③ 게임 시작 기능: '게임 시작'을 누르면 모든 선택이 해제되고 게임 모드로 변
　　　　　　경, '게임 다시 시작'을 누르면 글자는 그대로 두고 선택 상
　　　　　　태와 줄만 초기화

④ 칸 클릭 및 빙고 판정: 게임 화면에서 칸 클릭 시 노란색 표시, 한 줄 완성 시
　　　　　　빨간 줄 표시 및 빙고 개수 증가, 칸 해제 시 줄과 빙고
　　　　　　개수 감소

⑤ 부가 기능:
　랜덤 섞기 – 입력된 글자 순서 무작위 변경
　빙고판 지우기 – 모든 글자와 선택 상태를 한 번에 초기화
　공유 링크 만들기 – 현재 빙고판을 공유할 수 있는 주소 생성
　이미지 저장 – 현재 빙고판을 PNG 형식으로 저장

◆ **백엔드 요구사항**

백엔드 없이도 실행 가능하며, 모든 기능은 프론트엔드에서 처리

◆ **기타 요구사항**

글자 수가 많아지면 칸 안에서 자동으로 줄을 바꾸어 모든 내용이 한눈에 보여야 함. 버튼은 다양한 색상으로 시각적 구분, 터치 및 클릭이 용이하게 구성

3. 즐거운 빙고 놀이터 공유하기

Lovable에서 제작한 앱은 배포 과정이 매우 간단합니다. 에디터 화면 오른쪽 상단에 있는 Publish(지구본 모양) 버튼을 클릭하면 배포 창이 열리며, 여기서 주소를 확인하거나 필요에 따라 수정한 뒤 다시 Publish 버튼을 눌러 배포를 시작할 수 있습니다. 버튼에 'Publishing' 표시가 나타나면 배포가 진행 중임을 의미하며, 완료 후에는 Lovable이 제공하는 고유한 서브도메인 URL(https://bingo-maker.lovable.app/)으로 접속할 수 있습니다. 이후 앱에 변경 사항이 생기면 동일한 방법으로 다시 Publish하여 갱신할 수 있습니다.

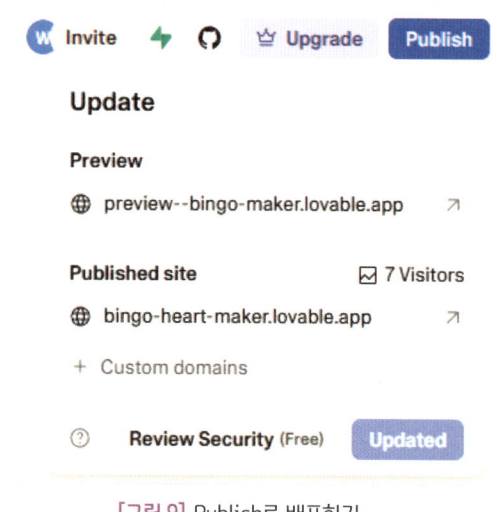

[그림 9] Publish로 배포하기

빙고 게임처럼 브라우저 안에서만 작동하는 앱은 접속 인원수나 사용 횟수에도 제한이 없어, 한 번 배포하면 자유롭게 활용할 수 있습니다.

4. 즐거운 빙고 놀이터 활용하기

1) 게임판 만들고 공유하기

즐거운 빙고 게임을 시작하기 위해 앱에 접속해 원하는 빙고 크기를 선택하면 빈칸이 생성됩니다. 각 칸에 내용을 입력한 뒤 '랜덤 섞기' 버튼으로 칸의 순서를 바꿀 수 있으며, '공유 링크 만들기'를 클릭하면 링크가 클립보드에 복사되어 손쉽게 공유할 수 있습니다. '빙고판 지우기'로 입력한 내용을 한꺼번에 삭제하거나, '홈으로 가기'로 돌아가 빙고 크기를 다시 선택할 수도 있습니다.

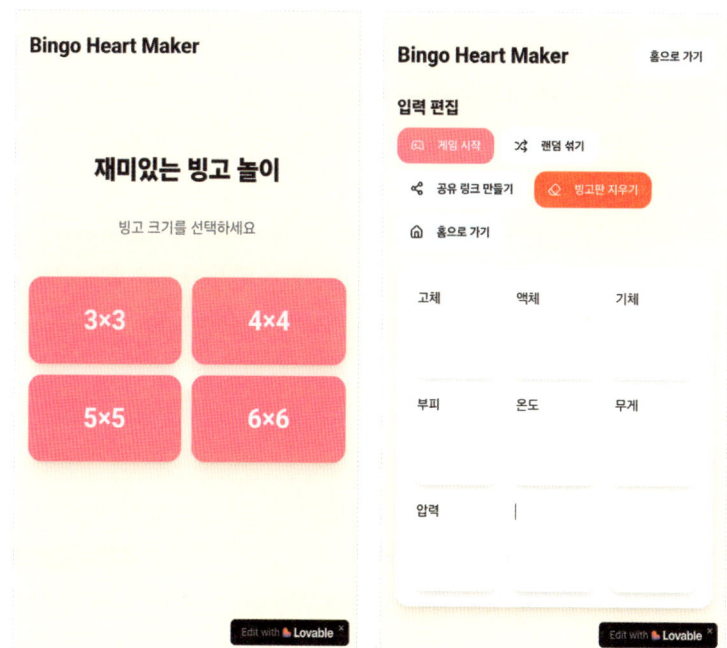

[그림 10] 빙고판 만들기

2) 공유 링크 받아서 게임하기

링크를 받은 사람이 '랜덤 섞기'를 하면 사용자마다 다른 구성의 빙고판으로 게임을 즐길 수 있습니다. '게임 시작'을 선택한 뒤 각 칸을 눌러 선택할 수 있으며, 한 줄의 칸이 모두 선택되면 빨간 줄이 이어지고 "1빙고!"라는 팝업이 뜨며 빙고판 중앙 하단에도 표시됩니다. 칸을 잘못 눌렀다면 한 번 더 눌러 해제할 수 있습니다. 게임 결과는 '이미지로 내보내기'를 선택해 PNG 파일로 저장할 수 있습니다.

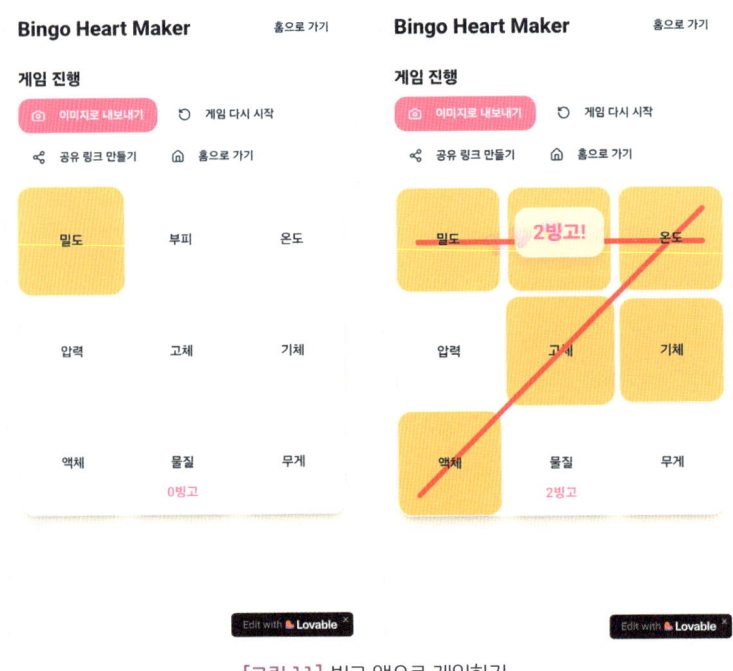

[그림 11] 빙고 앱으로 게임하기

빙고 게임은 단순한 놀이를 넘어, 학생들이 경쟁과 협력 속에서 몰입하며 배우고 성취감을 느끼도록 돕습니다. 이를 통해 집중력과 참여도가 높아지고, 학습에 대한 긍정적인 태도가 형성될 수 있습니다.

또한 교사에게는 수업 준비와 자료 제작 시간을 줄여 주고, '랜덤 섞기'와 '공유' 기능을 통해 빙고 게임을 손쉽게 진행할 수 있도록 지원합니다.

'즐거운 빙고 놀이터'가 학생들의 학습 태도를 개선하고, 활기찬 학습 분위기를 조성하며, 교사의 수업 운영 효율성을 높이는 데 기여하기를 기대합니다.

Lovable + 로컬 스토리지 / Supabase 스토리지

우리 반 칭찬 포인트 보드

교실에서 학생들을 바라볼 때마다 한 가지 고민이 떠오릅니다. "어떻게 하면 아이들이 더 적극적으로 참여하고 자신감을 가질 수 있을까?" 특히 수업에 소극적인 학생이나, 열심히 노력해도 성과가 보이지 않아 의욕을 잃는 학생을 볼 때 그 고민은 더욱 깊어집니다.

많은 교실에서 자석 보드판에 스티커를 붙여 학생들을 격려하곤 합니다. 하지만 바쁜 수업 중 일일이 스티커를 붙이는 일은 번거롭고, 학생들의 성취가 누적되어 보이지 않아 지속적인 동기부여를 기대하기 어렵습니다.

"발표를 정말 잘했네!", "친구를 잘 도와줬구나!" 이런 순간들을 즉시 기록하고, 그 노력이 쌓이는 모습을 학생들이 직접 확인할 수 있다면 어떨까요? 바로 이것이 우리가 꿈꾸는 교실의 모습일 것입니다.

이번 장에서는 'Lovable' 바이브 코딩 도구를 활용해, 대화하듯 손쉽게 우리 반만의 포인트 보드를 만들어 보겠습니다. 클릭 한 번으로 학생의 노력을 인정하고, 그 기록이 차곡차곡 쌓여 학생들이 성취감을 느낄 수 있는 도구입니다.

처음에는 내 컴퓨터에서만 사용할 수 있는 간단한 버전으로 시작하고, 이후 언제 어디서든 접속하며 데이터를 공유할 수 있는 클라우드 버전까지 제작해 보겠습니다.

1. 우리 반 칭찬 포인트 보드의 특징

1) 교실에서 안정적으로 활용 가능한 칭찬 포인트 관리

기존에는 학생 점수를 종이에 적거나 교사가 엑셀 파일로 관리하면서, 점수를 올리고 내리는 과정이 번거롭고 실시간 반영이 어려웠습니다. 그러나 이 앱은 브라우저 로컬 스토리지(Local Storage)를 활용해 인터넷이 없어도 안정적으로 사용할 수 있으며, 점수 변경 시 즉시 화면에 반영됩니다. 교사 개인 PC에서만 데이터가 저장·관리되기 때문에 수업 중 네트워크 문제가 발생해도 끊김 없이 운영할 수 있다는 장점이 있습니다. 또한 필요 시 백업·복원 기능을 통해 데이터를 안전하게 보관할 수 있어, 교실 환경에 최적화된 안정성을 제공합니다.

2) 직관적이고 학생 친화적인 포인트 보드

학생별로 카드 형태 UI가 제공되어 이름, 현재 점수, +/- 버튼이 한눈에 보입니다. 점수를 조정하면 화면에 바로 반영되고, 가장 높은 점수를 받은 학생은 카드에 별표 표시가 붙어 즉각적인 동기부여가 가능합니다. 교사가 학생 명단을 쉽게 추가·수정·삭제할 수 있으며, 파스텔 톤 디자인과 둥근 카드 형태로 따뜻하고 친근한 분위기를 연출해 학생들이 즐겁게 참여할 수 있습니다. 또한 클라우드 버전에서는 Supabase와 연동되어 교실 TV나 학생 태블릿에서도 실시간 공유가 가능해, 학생 참여형 수업에도 적합합니다.

2. 내 PC에서만 사용하는 우리 반 칭찬 포인트 보드 제작

1) 로컬 데이터베이스(스토리지) 이해하기

로컬 데이터베이스(스토리지)는 인터넷에 있는 스토리지가 아니라, 지금 사용하고 있는 컴퓨터의 브라우저에 직접 데이터를 저장하는 방식입니다. 쉽게 말해 교사의 PC에만 학생 점수가 저장되어, 오직 그 컴퓨터에서만 포인트 보드를 사용할 수 있습니다. 대신 인터넷이 끊어져도 사용할 수 있는 장점 때문에, 교실 환경에서 안정적으로 활용할 수 있습니다.

좀 더 정확히 말하면, 크롬이나 엣지 같은 브라우저 안에 있는 '개인 보관함'에 데이터가 저장됩니다. 마치 교사만 사용할 수 있는 작은 서랍이 브라우저 안에 생기는 것이라고 생각하시면 됩니다. 다만 크롬에서 만든 데이터는 엣지에서 볼 수 없고, 브라우저 청소를 할 때 실수로 데이터가 사라질 수 있습니다. 그래서 중요한 학생 점수는 가끔 '백업' 기능으로 따로 저장해두는 것이 안전합니다. 이런 특징 때문에 로컬 스토리지 버전은 교사가 교실에서 혼자 사용하기에 알맞은 방식입니다.

2) 우리 반 칭찬 포인트 보드 앱 제작 사례: 로컬 스토리지 버전

가) 프롬프트 작성

우리 반 학생들의 점수를 관리하는 "학급 포인트 카드 보드" 웹 앱을 제작합니다. 각 학생은 카드 형태로 표시되며, 점수를 올리거나 내릴 수 있는 버튼이 포함됩니다. 데이터는 브라우저의 로컬 스토리지에 저장되어 인터넷 없이도 사용이 가능합니다. 또한 설정 화면을 통해 학생 명단을 추가·수정·삭제할 수 있으며, 백업 및 복원 기능을 통해 데이터를 파일로 내보내거나 불러올 수 있습니다.

나) Lovable로 앱 구현

앱 제작을 위한 프롬프트를 Lovable 프롬프트 창에 입력합니다. 프롬프트를 입력하면 Lovable이 바로 코딩을 시작합니다. 왼쪽에는 추가 요청을 할 수 있는 대화창이, 오른쪽에는 실시간으로 앱이 만들어지는 모습이 나타납니다. 완성되면 바로 테스트해볼 수 있어 원하는 기능이 제대로 구현되었는지 즉시 확인할 수 있습니다.

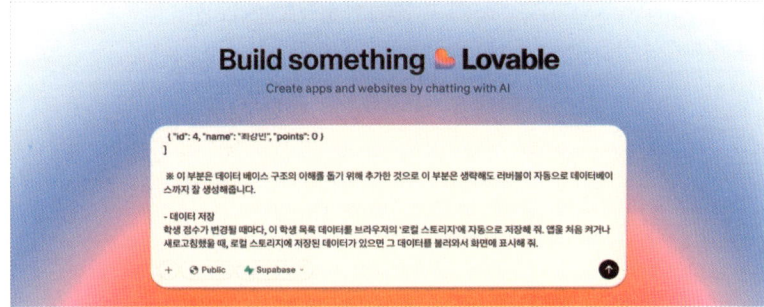

[그림 1] Lovable에 프롬프트 입력하기

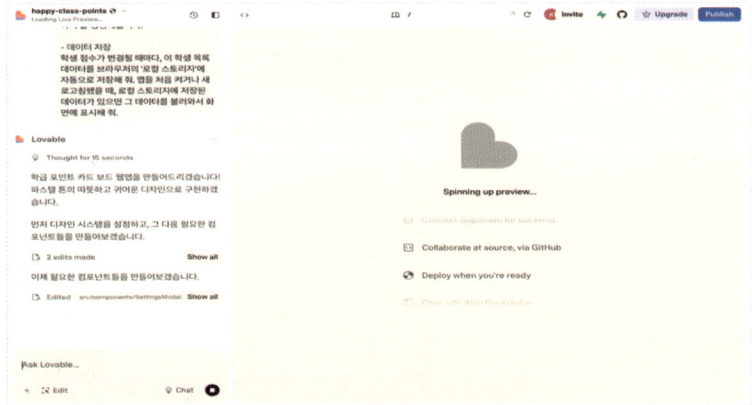

[그림 2] 프롬프트에 맞춰 코드를 생성 중인 Lovable

한 번의 프롬프트만으로도 원하는 앱이 거의 완벽하게 완성되었습니다. 로컬 데이터베이스를 사용하기 때문에 브라우저를 새로고침하거나 컴퓨터를 껐다 켜도 학생들의 점수가 그대로 유지되어, 선생님의 PC에서 언제든 안정적으로 사용할 수 있습니다. 만약 다른 컴퓨터에서도 같은 데이터를 사용하고 싶다면, 백업 기능을 통해 학생 정보를 파일로 저장한 후 새로운 PC에서 복원하여 사용할 수 있습니다.

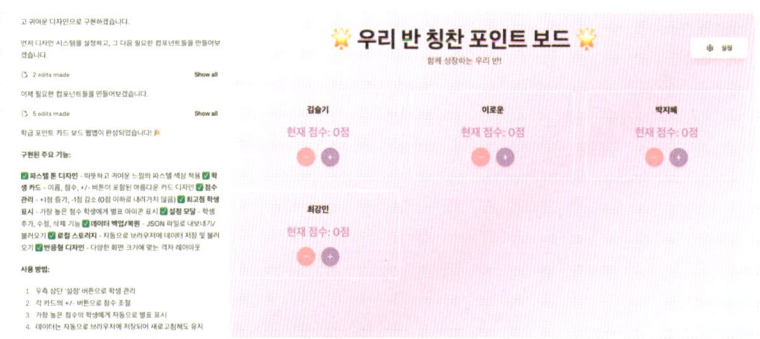

[그림 3] 메인 학생 카드 목록

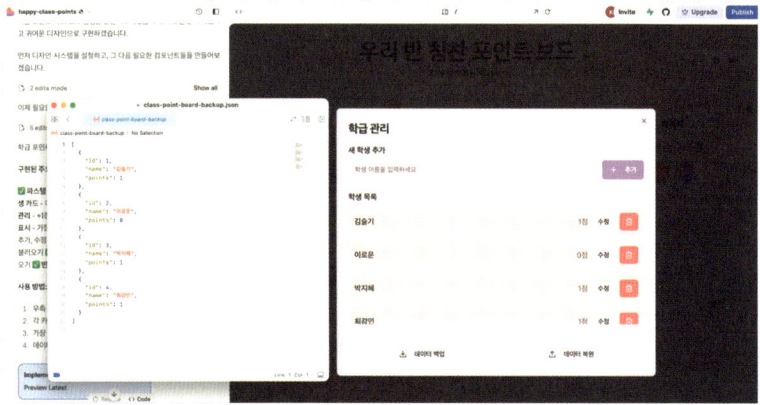

[그림 4] 학생 관리 기능 테스트 및 백업 테스트

앱이 완성되었지만 학생 카드의 색상이 너무 투명해서 글씨가 잘 보이지 않는다면, 간단한 수정 요청으로 개선할 수 있습니다. "학생 카드를 반투명 화이트 색상을 적용해서 세련되게 수정해 줘"라고 대화창에 입력하면, Lovable이 즉시 더 깔끔하고 세련된 디자인으로 수정해 줍니다.

지금까지 작업한 화면은 개발 중인 상태이므로, 실제로 사용하려면 정식 웹 앱으로 만드는 과정이 필요합니다. Lovable 화면 오른쪽 상단의 'Publish' 버튼을 클릭하면 완성된 앱이 인터넷에 올라가서, 고유한 웹 주소를 가진 정식 웹 앱이 됩니다. 이제 어디서든 이 주소로 접속해서 포인트 보드를 사용할 수 있습니다.

[그림 5] Publish 버튼과 배포 섹션

앱을 사용하다가 수정하고 싶은 부분이 생기면, Lovable에서 수정 작업을 한 후 'Update' 버튼을 클릭하면 변경된 내용이 실제 웹 앱에도 바로 적용되어, 사용자들이 개선된 버전을 사용할 수 있게 됩니다.

완성도를 높이는 추천 프롬프트

◆ 프론트엔드 요구사항

① 전체 레이아웃
- 화면 상단에 "우리 반 칭찬 포인트 보드"라는 제목을 크게 표시
- 하단 메인 영역에는 학생들의 카드 목록을 격자(Grid) 형태로 정렬하여 표시

② 학생 카드 구성
- 각 학생 카드에는 학생 이름, 현재 점수, 점수를 올리는 + 버튼, 점수를 내리는 – 버튼을 배치
- 학생 이름은 굵게 표시하며, 점수는 이름 아래에 "현재 점수: 0점" 형식으로 표시
- + 버튼과 – 버튼은 작고 동그란 모양으로 디자인

③ 디자인
- 전체 화면은 파스텔 톤의 따뜻하고 귀여운 분위기로 디자인
- 학생 카드에는 둥근 모서리와 그림자 효과를 적용하여 입체감을 줌

④ 관리자 기능
- 화면 우측 상단에 설정 버튼을 추가
- 설정 버튼을 클릭하면, 학생 명단을 추가·수정·삭제할 수 있는 모달(Modal) 창을 표시
- 모달 창에는 학생 데이터를 백업할 수 있는 버튼과 복원할 수 있는 버튼을 제공
- 로컬에 저장된 학생 데이터를 내보내는 기능과 불러오는 기능을 적용

◆ 백엔드 및 데이터 베이스 관련

① 데이터 처리
- 프론트엔드에서 +버튼을 클릭하면 학생의 점수를 1점 올리고,
- 버튼을 클릭하면 학생의 점수를 1점 내리기
- 점수는 0점 이하로 내려가지 않도록 제한
- 가장 높은 점수를 받은 학생은 카드에 별표를 추가

② 화면 업데이트
- 점수 변경 시, 화면에 표시된 점수를 즉시 새로운 값으로 업데이트

③ 로컬 데이터 베이스 구조
- 각 학생은 고유 id, name, points 정보를 가져야 함.
- 예시 JSON 구조
  (이 부분은 생략해도 Lovable이 자동으로 데이터베이스까지 잘 생성해 줍니다.)

```
[
  { "id": 1, "name": "김슬기", "points": 0 },
  { "id": 2, "name": "이로운", "points": 0 },
  { "id": 3, "name": "박지혜", "points": 0 },
  { "id": 4, "name": "최강민", "points": 0 }
]
```

④ 데이터 저장
- 학생 점수 변경 시 로컬 스토리지에 자동으로 저장

3. 클라우드 스토리지 버전 우리 반 칭찬 포인트 보드 제작

Supabase라는 무료 클라우드 데이터베이스를 연결하면, 교사의 컴퓨터는 물론 교실 스마트 TV나 학생들의 태블릿에서도 같은 포인트 보드를 실시간으로 볼 수 있습니다. 학생들의 점수 변경 권한은 교사가 설정할 수 있습니다. 이제 기존 앱의 데이터베이스를 Supabase로 업그레이드해 보겠습니다.

1) Supabase 가입하기

Supabase 홈페이지(https://supabase.com)에 접속하여 회원 가입을 하고, 새로운 프로젝트를 만듭니다.

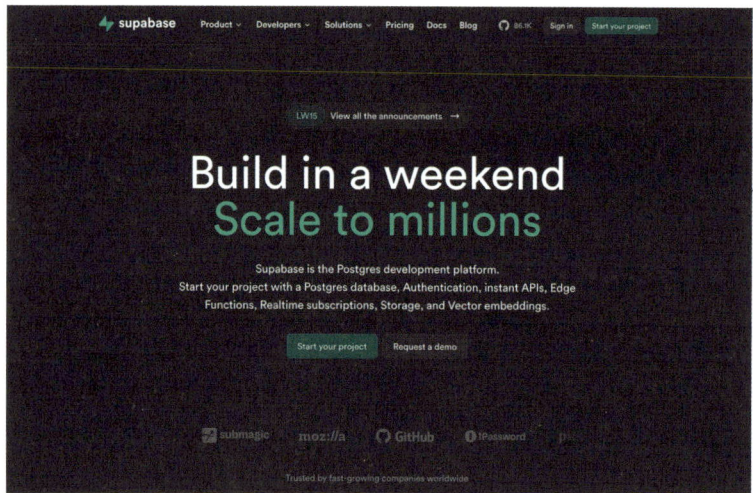

[그림 6] Supabase 홈페이지

가입을 마치면 대시보드 화면이 나타나는데, 여기서 'New project' 버튼을 클릭해 새 프로젝트를 만듭니다. 프로젝트 이름은 'classpoint'로 설정하겠습니다.

프로젝트 이름과 비밀번호를 입력하고, Region은 'Seoul'로 설정합니다. 서울로 설정해야 데이터베이스 서버가 가까워서 앱이 빠르게 작동합니다. 프로젝트 생성이 완료되면 슈파베이스 준비는 끝입니다. 이제 기존 앱을 슈파베이스와 연결하는 작업을 해보겠습니다.

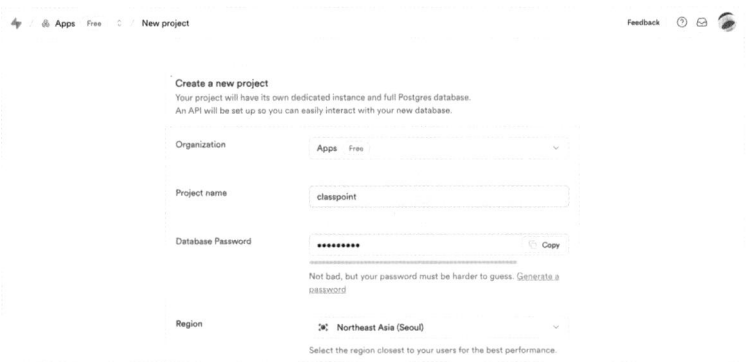

[그림 7] 프로젝트 이름과 비밀번호, 데이터베이스 서버 지역 설정

2) 우리 반 칭찬 포인트 보드 웹 앱에 Supabase 연동하기

Supabase 프로젝트를 Lovable 앱과 연결합니다. Lovable에서 Supabase 연동 버튼을 클릭하면 두 서비스가 자동으로 연결되어, 앞으로 Lovable이 Supabase 데이터베이스를 사용할 수 있게 됩니다.

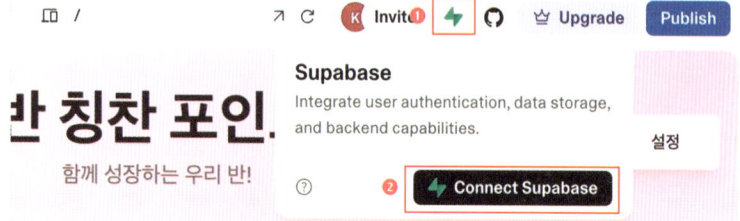

[그림 8] Supabase 연동하기

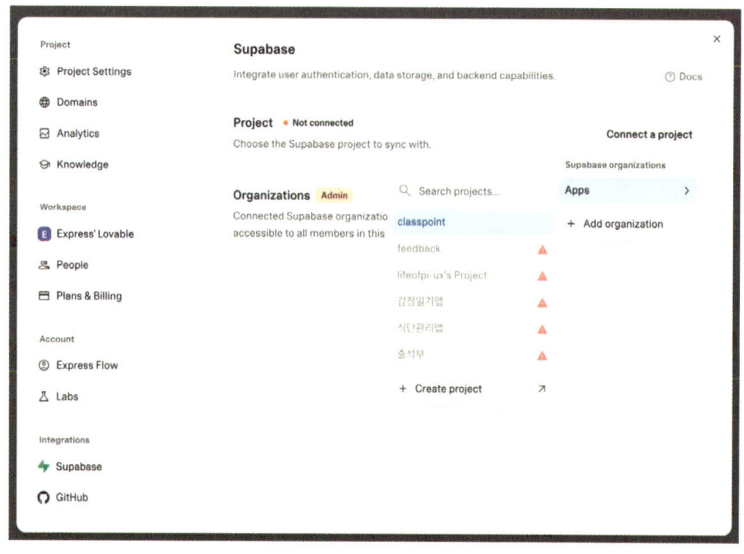

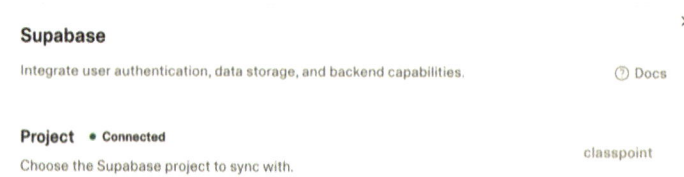

[그림 9] Connect a project 선택 및 내 프로젝트 연동 완료 모습

3) 우리 반 칭찬 포인트 보드 웹 앱 데이터 베이스 변경 작업하기

연동이 완료되었으니, 이제 데이터베이스를 Supabase로 바꿔보겠습니다. 앱의 화면과 기본 기능은 그대로 두고, 데이터 저장 방식만 변경하면 되므로 백엔드, 데이터베이스를 수정하는 프롬프트로 작업할 수 있습니다.

---

① 백엔드, 데이터베이스 변경 프롬프트
지금까지 만든 앱의 데이터 저장 방식을 로컬에서 Supabase로 변경하려고 해. Supabase에 학생 정보를 저장할 테이블을 만들고, 기존 기능들이 모두 Supabase를 사용하도록 바꿔줘.

② 데이터 불러오기
앱이 시작되면 Supabase의 'students' 테이블에서 학생 데이터를 가져와서 화면에 표시해 줘. 학생 이름순으로 정렬해서 보여주면 좋겠어.

③ 점수 변경
'+'버튼을 누르면 학생의 점수를 1점 올리고, '-'버튼을 누르면 1점 내려줘. 점수가 0점 아래로 내려가지 않게 해 줘.

④ 실시간 동기화
다른 기기에서도 변경된 점수가 즉시 반영되도록 Supabase의 실시간 기능을 사용해 줘. 새로고침 없이도 점수가 자동으로 업데이트되게 해 줘.

---

4) 우리 반 칭찬 포인트 보드 웹 앱 스토리지 바이브 코딩

프롬프트를 입력하여, 실제 웹 앱 데이터 베이스 변경 작업을 진행합니다. Lovable이 바이브 코딩을 자동으로 진행하지만, Supabase 관련 작업을 위해 사용자의 동의를 얻는 작업이 필요하므로, 중간 중간 Lovable의 요청을 수락 버튼을 통해서 적용해주어야 합니다.

Lovable은 사용자의 허가를 받은 후, Supabase 클라우드 서비스에서 웹 앱 운영에 필요한 데이터베이스 테이블과 각종 구성 요소를 자동으로 생성합니다. 이를 통해 완전한 웹 앱이 자동으로 완성됩니다.

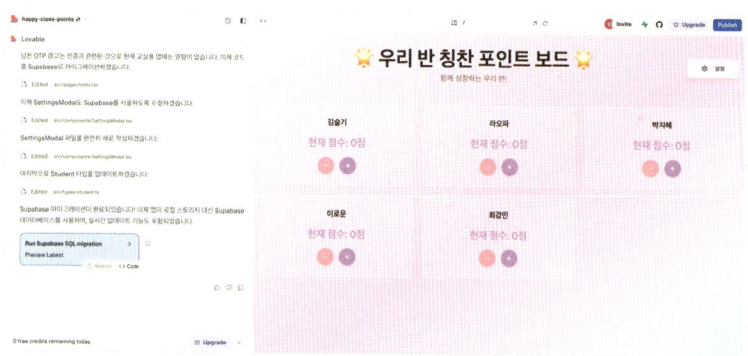

[그림 10] Supabase 마이그레이션 완료

간단한 프롬프트만으로도 클라우드상의 Supabase 데이터베이스를 활용하여, 어떤 컴퓨터에서나 자유롭게 접속해서 포인트 점수를 관리할 수 있습니다. 실제로 "라오파" 학생을 추가로 입력해보면, Supabase 데이터베이스에 새 학생 정보가 저장되는 과정을 확인할 수 있습니다.

[그림 11] Lovable에서 입력된 데이터가 Supabase 데이터베이스에 저장

4. 우리 반 칭찬 포인트 보드 앱 활용하기

교사가 포인트 보드를 운영할 때 몇 가지 활용 팁이 있습니다.

① 즉각적인 반응 제공

학생이 좋은 행동을 보였을 때는 지체하지 말고 바로 포인트를 부여하는 것이 핵심입니다. "발표를 정말 잘했네!", "친구를 잘 도와줬구나!"와 같은 순간을 즉시 기록하면 효과가 더욱 커집니다.

② 다양한 인정 기준 마련

학업 성취뿐 아니라 배려, 협력, 노력, 창의성 등 여러 영역에서 포인트를 부여하여 모든 학생이 고르게 인정받을 수 있도록 합니다.

③ 정기적인 데이터 관리

로컬 스토리지 버전을 사용할 경우에는 주 1회 정도 백업 기능을 활용해 데이터를 안전하게 보관하는 것이 좋습니다.

클라우드 버전(Supabase)은 무료 사용자가 일주일 동안 데이터베이스에 접속하지 않으면 데이터베이스가 일시적으로 중단되므로, 최소 일주일에 한 번은 앱을 사용하여 데이터베이스가 휴면 상태에 빠지는 것을 방지하시기 바랍니다.

④ 학생 참여와 동기 부여

포인트 현황을 학생들과 함께 확인하면서 자신의 성장과 노력이 누적되는 모습을 직접 볼 수 있도록 격려합니다. 이를 통해 학생들은 성취감을 느끼고 지속적으로 동기 부여 될 수 있습니다.

이번 장에서는 Lovable 플랫폼을 활용하여 로컬 데이터베이스와 클라우드 데이터베이스를 모두 연동해서 사용하는 방법을 소개했습니다. 함께 제작해 본 '우리 반 칭찬 포인트 보드' 프로젝트에 회원 가입 기능, 학생별 개인 카드 관리 기능 등 다양한 기능을 추가하여 더욱 유용한 프로젝트로 발전시켜 보시기 바랍니다.

바이브 코딩을 왜 배워야 할까?

이 책에서 안내한 모든 예제는 아래 웹사이트에서 확인하고 사용할 수 있습니다. 함께해 주셔서 감사합니다.